Lyon 1 Décembre 1909

HOTEL DES VENTES DE MM. LES COMMISSAIRES-PRISEURS DE LYON

6, *rue de l'Hôpital (salle du 1er étage)*

CATALOGUE

D'UNE IMPORTANTE COLLECTION

D'OBJETS D'ART ANCIENS

du xvᵉ au xixᵉ siècle (quelques antiques) et de plusieurs séries intéressantes d'*Objets d'art* de la *Chine* et du *Japon*, la plupart de petite dimension, dits *Objets de vitrines*, le tout provenant d'un amateur lyonnais.

VENTE

Le mercredi 1er décembre jusqu'au jeudi 11 décembre 1909 inclus

(*Sauf le dimanche 5 décembre 1909*)

à 8 heures précises du soir

EXPOSITION GÉNÉRALE

Le lundi 29 et Samedi 30 novembre 1909

de 1 heure à 5 heures du soir

EXPOSITION PARTIELLE, chaque jour de vente, de 1 heure à 3 heures, des objets qui seront vendus le soir à 8 heures.

M. L. GAZAGNE	P. RANDIN
Commissaire-Priseur	*Expert*
6, rue de l'Hôpital	5, place des Célestins

LYON

CONDITIONS DE LA VENTE

au comptant 10 °/₀ en sus

Les Expositions mettant les amateurs à même de se rendre compte de la qualité et de l'état des objets, aucune réclamation ne sera admise après les adjudications.

On suivra l'ordre numérique du Catalogue

ORDRE DES VACATIONS :

Le Mercredi	1ᵉʳ décembre.	Nᵒ	1	à	85
Le Jeudi	2	—	Nᵒ	86	à 169
Le Vendredi	3	—	Nᵒ	170	à 254
Le Samedi	4	—	Nᵒ	255	à 339
Le Lundi	6	—	Nᵒ	340	à 423
Le Mardi	7	—	Nᵒ	424	à 511
Le Mercredi	8	—	Nᵒ	512	à 595
Le Jeudi	9	—	Nᵒ	596	à 677
Le Vendredi	10	—	Nᵒ	678	à 767
Le Samedi	11	—	Nᵒ	768	à 859

M. P. RANDIN, chargé de la vente, remplira les ordres qu'on voudra bien lui confier.

CATALOGUE

OBJETS D'ART EN FER DU XVᵉ AU XIXᵉ SIÈCLE

1. **Très petite statuette** en fer, figurant un évêque debout, revêtu
d'ornements sacerdotaux et tenant une crosse pastorale.
Très jolie pièce gravée d'ornements et ayant fait partie
d'un ensemble (xvᵉ siècle). Pour l'utiliser en cachet, on a
soudé à l'étain, sous les pieds du personnage, un *cachet
orale*, gravé d'armoiries du xviiiᵉ siècle, en fer, où figure
un aigle à deux tête.
(Haut. 0.08.)

2. **Petite serrure gothique** en fer, dont l'entrée est formée de
pilastres à reliefs se détachant, à charnière, sur une plaque à fenêtrage ajouré (restauration à la charnière).
— Clef absente.
(Long. 0.09 × 0.08.)

3. **Poignée de clef gothique** découpée à jour. Le panneton est
absent.
— *Petite clef gothique.*
Soit deux pièces.

4. **Petit bandeau d'ornement gothique** repercé à jour, en fer,
figurant un rinceau de feuillage.
— Pièce ancienne.
(Long. 0.18 × 0.03.)

5. **Clef en fer** du xviᵉ siècle, dont la poignée, découpée à jour,
surmonte un chapiteau à moulures.

6. **Clef** du xvie siècle, dont la poignée est découpée à jour sur
   un chapiteau. La tige, forée en as de pique, est dans un
   étui.

7. **Clef** du xvie siècle, dont la poignée, sur un chapiteau carré,
   est découpée à jour et gravée.
   — Tige triangulaire forée et panneton à peigne.

8. **Clef** du xvie siècle. La poignée ovale, découpée d'un ornement
   d'un beau dessin à jour, se développe sur un chapiteau
   carré à jolies moulures.
   — Tige en as de pique (panneton cassé).

9. **Clef** du xvie siècle, dont la poignée, découpée à jour, présente deux chimères adossées, au-dessus d'un chapiteau
   octogone et ciselé.
   — Tige en as de pique protégée par un étui.

10. **Coffret en fer** rectangulaire à dos bombé et anse mobile.
    Ouverture à secret. Jolie clef.
    — Le tout du xvie siècle.
    (Long. 0.15.)

11. **Coffret en fer** rectangulaire à couvercle plat. Toutes les
    faces sont décorées de gravures où figurent des person-
    nages en pied, allégoriques des vertus, et têtes casquées.
    Le tout dans des encadrements d'ornements de beau style.
    — Anse mobile au couvercle, dont la gravure est usée. La
    serrure fonctionne à 4 pennes. Travail italien du xvie siè-
    cle.
    (Long. 0.26 × 0.13 × 0.13.)

12. **Fer damasquiné.** Petit encadrement rectangulaire décoré
    d'un très riche dessin damasquiné d'or et d'argent en rin-
    ceaux de feuillage stylisé.
    — Beau travail vénitien du xve siècle, monté dans un
    entourage de velours vert.
    (Long. 0.09 × 0.06.)

13. **Lampe à huile,** en fer, avec crochet de suspension.
    — Complète, xvie siècle.

14. **Petit crochet** à poids en fer.
    — Complet, xvie siècle.

15. **Fer forgé.** Petit marteau de porte ou pendeloque de meuble
    de belle forme, à godrons; chapiteau à volutes et ciselé
    d'ornements.
    — Très bonne pièce du xvie siècle.
    (Haut. 0.14.)

16. **Fer forgé.** Petit canon à 6 pans, damasquiné d'ornements en cuivre doré, avec tourillons et oreillons (xvie siècle). (Long. 0.20.)

17. **Clef ovale** du xvie siècle, dont la poignée est découpée d'un ornement à jour et gravée.

18. **Pommeau** d'une grande épée à deux mains, en fer ciselé d'un ornement figurant un rinceau de feuillage stylisé, avec têtes d'animaux (xvie siècle).

19. **Moulin à poivre** tout en fer; cylindrique (xvie siècle). (Haut. 0.20.)

20. **Petit chandelier en fer forgé,** dont les quatre pieds se réunissent en un tors formant la tige, laquelle s'épanouit en tulipe (xvie siècle.)

21. **Lampe en fer,** montée sur un socle à quatre pieds, avec accessoires pendus à des chaînettes (xvie siècle). (Haut. 0.50.)

22. **Petite serrure** en fer, à un seul penne (xvie siècle). — Clef gothique neuve.

23. **Petite lampe** en fer, avec anse, complète (xvie siècle).

24. **Fermail d'escarcelle** à double compartiment en fer, orné de têtes de lions ciselées (xvie siècle).

25. **Serrure en fer** à double mouvement des pennes et à deux ressorts indépendants (xvie siècle). — La clef manque.

26. **Figure à double profil,** casquée et mîtrée; ciselé sur fer: pièce ronde, bombée, présentant quelques damasquinures d'argent (xvie siècle). (Diam. 0.04.)

27. **Petit verrou en fer** à double penne : de très jolie forme et d'une construction très délicate. Clef ajourée (xvie siècle).

28. **Etui en fer** dit étui à cire, octogone (fermant à ressorts), de jolie forme, portant au couvercle une surface propre à graver un cachet. L'autre bout figure un vase à pied rond (xvie siècle). (Long. 0.07.)

29. **Pièce de suspension** ayant fait partie d'un ensemble. Elle
est sphérique et formée d'un treillis en fer de rinceaux
rattachés par des liens de même métal.
Une tige munie de deux crochets est dans l'axe de la sphère
(XVIe siècle).
(Diam. 0.05.)

30. **Epingle en fer,** avec ressort en forme de fibule romaine
(XVIe siècle).
— Complète et en bon état.

31. **Tire-bouchon de poche** et son étui, le tout en fer. La boucle,
de jolie forme, et l'étui octogone sont gravés d'ornements
sur un grenetis autrefois doré. L'étui porte un cachet
ovale armorié, où figurent les lettres P. A., entouré de
palmes et couronné de roses (XVIIe siècle).

32. **Fourchette pliante** en fer, à quatre dents. Manche gravé des
lettres B. P., couronnées, et de la date 1603.

33. **Fer mouluré :**
— Villebroquin tout en fer, de jolie forme (XVIIe siècle).
(Long. 0.19.)

34. **Fer ciselé :** pommeau de canne orné d'une tête à double
profil, selon la position, gravée en relief (XVIIe siècle).

35. **Fer ciselé :** poignée d'épée de cour démontée en trois pièces :
demi-coquille, bouton et garde ; le tout entièrement reperçé
à jour d'ornements en rinceaux et quadrillage de beau style
(XVIIe siècle).

36. **Fer ciselé :** poignée d'épée de cour démontée en trois pièces : double coquille, pommeau et garde ; le tout ciselé
d'ornements et personnages en relief sur toutes les faces
(XVIIe siècle).
— Bonne pièce.

37. **Fer forgé :** petite boîte plate rectangulaire à pans coupés,
fermant à charnière et s'ouvrant à secret. L'ajustage de
la charnière est un chef-d'œuvre de précision (XVIIe siècle).
(Long. 0.08 × 0.06.)

38. **Pince à ressort** en fer, dont une des branches contient une
lame de canif.
Jolie pièce découpée d'ornements ajourés et gravés. Complète et en bon état (XVIIe siècle).

39. **Etui à cire, en fer,** cylindrique et fermant à vis ; entièrement gravé d'ornements : oiseaux dans des feuillages stylisés à fort relief. Le couvercle porte un cachet où figurent la lettre G et deux levrettes. Blason couronné (xviie siècle).
(Long. 0.09.)

40. **Petite paire de boucles** en fer, de forme ovale, décorées d'ornements ajourés en feuille d'acanthe (xviie siècle).
(Diam. 0.04.)

41. **Mouchette en fer** gravé d'un trophée guerrier sous un dais à baldaquin doré.
— Toutes les autres parties présentent une décoration aussi dorée ; roulettes de cuivre (xviie siècle).

42. **Pince en fer** à ressort, dont les branches sont décorées d'ornements (xviie siècle).
(Long. 0.13.)

43. **Double étui à ciseaux et à aiguilles** dans la même pièce, en fer : tout gravé d'ornements (xviie siècle).
— Rare.

44. **Boîte en fer** quadrangulaire, dont le couvercle, légèrement bombé, ferme à charnière. De très fines moulures encadrent, sur le couvercle et sur toutes les faces, un trophée militaire et de beaux rinceaux fleuris, gravés en relief sur des fonds de grenetis d'or. Bonne conservation (xviie siècle).
(Long. 0.08 × 0.06.)

45. **Petit compas** en fer ciselé et orné de fines moulures. Jolie pièce du xviie siècle.

46. **Quatre petites pièces en fer** d'un bon dessin, découpées à jour et gravées de figures, ornements, mascarons, etc., ayant appartenu à une arme du xviie siècle.

47. **Petit crochet en fer.**
— **Entrée de serrure.**
— **Crochet** de ceinture.
Soit trois petites pièces ciselées d'ornements (xviie siècle).

48. **Petite pince en fer** se fermant par un anneau mobile gravé (xviie siècle).
(Long. 0.07.)

49. **Tire-bouchon** tout en fer, à double spirale. Le manche se termine en petit marteau (xviie siècle).

50. **Batterie de fusil** à silex, gravée de fins ornements en relief.
Très jolie pièce d'un travail soigné portant le nom de
G. B. Croc (xviie siècle).

51. **Petit cadre** octogone à bélière en fer ajouré d'ornements
Louis XIII. Traces de dorure.
(Long. 0.07 × 0.07.)

52. **Petit cadre ovale** en fer, gravé d'ornements et cerclé d'une
torsade en cuivre (xviie siècle).
(Diam. 0.08.)
— **Chaînon** ayant fait partie d'une pièce plus importante,
en bronze, de jolie forme (xvie siècle).
(Long. 0.05.)
Soit deux pièces.

53. **Crochet de ceinture** en fer ciselé et repercé à jour.
— **Autre crochet** en fer de même nature, avec fleur stylisée
découpée à jour.
Soit deux pièces (xviie siècle).

54. **Batterie de mousquet.** Très beau travail de ciselure et de
gravure en fort relief : chimères ailées, tête de cheval,
masque barbu, etc. (xviie siècle).
(Incomplète.)

55. **Batterie à silex,** toute en fer ciselé d'ornements en fort relief :
sirène, masque, dauphin, tête de loup, etc. Très riche
décoration, dont quelques parties sont en ronde bosse
(xviie siècle).

56. **Coquille double** d'épée de cour, en fer damasquiné d'or sur
les deux faces. Fort belle ornementation de très pur style :
masques et rinceaux.
— Manque de conservation (xviie siècle).

57. **Fourchette de poche** à deux dents, pliante, sur un manche
en fer gravé et damasquiné d'or et d'argent (Italie, xviie
siècle).

58. **Couteau hollandais** à manche de cuivre.
— **Autre couteau** à lame courbe, tout en fer.
Soit deux pièces du xviie siècle.

59. **Clef en fer,** Louis XIII, dont la poignée est découpée à jour.
Tige en balustre gravé.

60. **Petite clef** en fer poli, dont la poignée est découpée d'ornements à jour, surmontés d'une couronne. Tige gravée
(xviie siècle).

61. **Petite console** de potence en fer forgé (xvie siècle).
    — **Serrure en fer** pour coffre en bois (gothique).
    — **Clef Louis XIII.**
    Soit trois pièces.

62. **Cachet à main** tout en fer, dont le manche à 8 pans en
    forme de balustre, porte un cachet armorié ovale (homme
    d'armes portant une hallebarde sur l'épaule avec cimier
    de même) (xviie siècle).
    (Haut. 0.05.)

63. **Tire-bouchon de poche** et son étui, en fer. La boucle, de
    forme élégante, et d'un dessin très pur, est décorée sur la
    tranche de deux branches de fleurs ciselées en relief sur
    un fond à grenetis d'or. Fort jolie pièce du xviie siècle
    en bel état de conservation.

64. **Cachet à main** en fer, dont le bouton, de forme lenticulaire,
    est découpé à jour d'un ornement en feuillage stylisé,
    gravé et damasquiné d'argent. La tige est à moulures, et
    la partie dans laquelle se meut un cachet à trois faces,
    repercée à jour et damasquinée d'argent. Le cachet **porte**
    sur deux faces le monogramme G. M. A., couronné, et
    sur la troisième des armoiries figurées par un vase **de**
    fleurs et trois étoiles. Jolie pièce du xviie siècle en par-
    fait état.

65. **Clef en fer** à poignée ajourée d'ornements, ciselée. **Tige**
    ornée (xviie siècle).

66. **Clef en fer,** dont la poignée est découpée d'ornements ajou-
    rés, surmontés d'une couronne fermée. Tige ornée (xvii^e
    siècle).

67. **Petite clef Louis XIII,** avec la tige en trèfle.
    — **Autre clef,** de même époque.
    Soit deux pièces.

68. **Petite clef,** dont la poignée se détache en ovale sur une tige
    à chapiteau carré (xviie siècle).

69. **Clef Louis XIV,** dont la tige forée en as de trèfle, présen-
    tant un renflement découpé à jour, est protégée par un
    étui.

70. **Clef Louis XIV,** dont la poignée découpée à jour présente
    un monogramme composé des trois lettres B. M. R., sur-
    monté d'une couronne de marquis. La tige dans un étui.

71. **Clef Louis XIV,** en fer, dont la poignée découpée à jour présente un monogramme de plusieurs lettres. Tige ajoutée.

72. **Clef Louis XIV,** dont la poignée découpée à jour présente au centre de l'ornement un espace vide où se meut librement un globule en fer. La tige est aussi ajourée.

73. **Clef passe-partout** ancienne.
    — **Clef Louis XIV.**
    — **Grosse clef Louis XIII.**
    Soit trois pièces.

74. **Deux jolies petites clefs Louis XIV,** à poignées découpées à jour.

75. **Petite clef Louis XIV,** dont la poignée présente un joli ornement découpé à jour et de bon style.

76. **Clef en fer Louis XIV,** dont la poignée découpée à jour figure deux grandes feuilles d'acanthe qui ont pour départ des têtes d'oiseaux. Tige en as de pique.

77. **Clef en fer Louis XIV,** dont la poignée découpée à jour, de rinceaux de feuillages d'un excellent dessin, est admirablement ciselée. Tige unie. Très bonne pièce.

78. **Petite clef Louis XIV,** avec tige en trèfle et poignée ajourée d'ornements.
    (Très usée.)

79. **Serrure Louis XIV** pour un grand meuble, avec un curieux système de fermeture.
    — Belle clef à tige en as de pique forée et à poignée découpée à jour d'un ornement où figurent deux têtes en ronde bosse finement ciselées. Bonne pièce, en bon état.

80. **Serrure Louis XIV** pour grand meuble, décorée d'une palmette à jour et d'un bouton ovale en forte saillie, orné d'une tête casquée, ciselée. Des pattes en ornement servent à fixer la serrure au bois. Très belle clef à poignée formée de deux acanthes se réunissant à un bouton. La tige, ajourée et forée.
    Bonne pièce, en bon état, où figure un curieux assemblage de leviers.

81. **Très belle serrure Louis XIV** rectangulaire. Sur la face principale, encadrée d'une fine moulure, figure un portique à pilastres et plein cintre, surmonté d'un chien en plein relief, comme support d'un blason où figure une clef. Sous ce portique, un mufle de lion contient un secret ouvrant une porte qui cache l'entrée de **la serrure.**
Sur les deux faces se découpent des ornements ajourés permettant de voir le mouvement intérieur (un verrou et trois pennes).
— Très belle clef à poignée et à pavillon quadrangulaire reliés par un renflement circulaire contenant plusieurs découpages de dessin de jacinthes. Le pavillon est surmonté d'une petite touffe de feuillage en fer très élégante.
En somme, œuvre d'art qui réunit la perfection d'un travail de main d'ouvrier au service d'une composition de maître. Le tout en fer poli et parfaitement conservé.

82. **Fer ciselé.** Crochet de ceinture pour épée ; un buste d'homme à tête laurée, en relief dans un médaillon décoré. Pièce XVIIIe siècle.

83. **Médaillon,** portrait d'homme, profil à droite, en fonte moulée (XVIIIe siècle).
— **Petit bas relief** en cuivre doré figurant un combat de chevaliers ; dans un cadre en fer découpé à jour. Travail moderne.
Soit deux pièces.

84. **Petit fer de hachette,** dont la lame est ajourée, ainsi qu'une partie du manche (XVIIIe siècle).

85. **Fer ciselé** : crochet de ceinture pour épée. Bon travail de ciselure sur un quadrillage et des rinceaux repercés à jour (XVIIIe siècle).

2e VACATION : *Le Jeudi 2 Décembre,*
à 8 heures du soir.

---

86. **Poinçon quadrangulaire** à manche de bois ; étui en galuchat (XVIIIe siècle).

87. **Partie de l'armature en fer** d'une gaine de couteau de chasse gravée d'ornements repercés à jour (XVIIIe siècle).

88. **Petite coupe ronde,** sur pied, en fer gravé d'ornements, décorée sur les bords d'un cloutage à facettes rivé (XVIIIe siècle).
(Diam. 0.11 × 0.07.)

89. **Mesure en fer** (6 pouces), avec un curseur et un cachet gravé d'un coq (xviiie siècle).

90. **Petit réchaud en fer,** dont le fourneau circulaire est monté sur une base de même forme ; le tout damasquiné d'argent, manche en bois (Venise, xviiie siècle).

91. **Petit autel** en fer gravé d'ornements et orné de têtes de clous en bordure (xviiie siècle).
(Haut. 0.15 × 0.08.)

92. **Châtelaine à crochet** en acier, entièrement ajourée d'ornements, avec quatre pendeloques (xviiie siècle).

93. **Fourchette de poche** pliante, à manche de corne clouté d'argent (Hollande, xviiie siècle).

94. **Lampe en fer** gravée d'ornements et personnages.
— Socle carré.
(Haut. 0.61.)

95. **Petite clef** en argent ciselé, dont la poignée, découpée à jour, figure deux lions héraldiques comme supports d'une pièce en fer à cheval (insigne de fonction).
(Long. 0.08.)

96. **Clef en bronze,** ancienne et de belle forme.

97. **Poinçon en fer,** à tige tordue, terminé, au manche, en forme de marteau.
— **Autre petite pièce en fer** figurant une truelle.
— **Pince en fer** curieuse.
Soit trois pièces anciennes.

98. **Pipe en fer,** à couvercle à charnière, avec tuyau en os.
Petite pièce ancienne très curieuse.

99. **Petite grille en fer** à grillage carré, dont les barreaux doivent présenter dans leur construction et leur assemblage une certaine difficulté (voir la grille de l'hôtel de Gadagne à Lyon).
(Dimension : 0.17 × 0.17.)

100. **Tête de clou en fer,** orné d'une rosace gravée en relief.
— **Petite mesure** en acier avec curseur (?).
— **Petit fer gravé,** en forme de grattoir (?).
Soit trois pièces en fer, anciennes.

101. **Petite épée en fer,** dont la poignée est gravée d'ornements.
   Jolie pièce ancienne.
   (Long. 0.10.)

102. **Compas d'épaisseur,** en fer ancien.

103. **Araignée en fer,** sur le dos de laquelle est gravé et damasquiné, en argent, un insecte, lequel est lui-même gravé
   d'une croix autrefois argentée.
   (Long. 0.06.)

104. **Petit cadenas** en fer, s'ouvrant à secret. Clef.
   — **Autre petit cadenas** de même nature. Clef.
   Curieuses pièces, ce numéro sera divisé.

105. **Curieux couteau en fer.** Le manche, figurant un animal
   à long col, dont la gueule armée de dents, s'ouvre sous
   l'influence d'un ressort et sert de pince. Quelques ornements gravés. Joli travail.
   (Long. 0.11.)

106. **Etui à ciseaux,** en fer décoré d'ornements entièrement
   ajouré et gravé.

107. **Casse-noisette à vis,** tout en fer. La boucle de la poignée
   de jolie forme sur un col orné de moulures. Les lettres
   T. F., gravées sur la poire.
   (Long. 0.11.)

108. **Etui à cire,** en fer, octogone, fermant à ressort, gravé d'ornements sur toutes les faces, dans des encadrements de
   filets d'argent. Quatre des surfaces sont ajourées.
   (Long. 0.08.)

109. **Etui à aiguilles en fer** se fermant à vis, de forme octogone,
   gravé et damasquiné sur les surfaces planes. Jolie forme
   en fuseau à deux pointes.
   (Long. 0.08.)

110. **Deux clefs** de montre en fer, ajourées et gravées.
   — Cachet breloque tournant, à deux faces gravées en in-
   taille d'un portrait et d'insignes maçonniques.
   Soit trois pièces.

111. **Petite dague** à lame triangulaire (?) et poignée en fer
   (XVIe siècle). Restitution.
   — Fourreau en cuir.

112. **Croix en fer** gravé. Pièce maçonnique (des Roses-Croix).
   — **Autre croix en fer,** avec base
   Soit deux pièces anciennes.

113. **Coin en fer,** sur lequel est soudé un petit relief rond :
saint François d'Assises, en cuivre.

114. **Coin en acier**, gravé en relief d'une tête d'homme à la
romaine. Jolie pièce.
(Dim. 0.03 × 0.03.)

115. **Très petit coin** en acier, où est **gravé** en relief un saint
enfant Jésus tenant le globe terrestre.
(Haut. 0.02.)

116. **Animal fantastique** à tête de chien et le reste du corps
d'un aquatique. Pièce en fer de travail moderne.
(Long. 0.20.)

117. **Trépied en fer forgé.** Un rosier portant fleurs épanouies et
en bouton, grimpe autour de la tige. Travail moderne.
(Haut. 0.45.)

ARMES BLANCHES DU 16ᵉ AU 18ᵉ SIÈCLE
PISTOLETS

118. **Grande épée italienne,** à coquille ronde, en corbeille, repercée d'ornements à jour, sur lesquels figurent des masques
en relief. Quillons droits. Bonne pièce d'un bon dessin
(xvɪᵉ siècle).

119. **Epée italienne,** dont la poignée à jour, dans la forme des
schiavones vénitiennes, recouvre entièrement la main.
Large lame plate, à pas d'âne et quillons légèrement courbés
(xvɪᵉ siècle).

120. **Grande épée allemande,** dont la poignée à pas d'âne, les
quillons sont tout unis, mais de jolie forme.
Large lame plate (xvɪᵉ siècle).

121. **Rapière** du xvɪᵉ siècle, dont la lame porte trois gouttières
au talon. La poignée est à pas d'âne et les quillons recourbés en S (restaurée).

122. **Rapière espagnole,** dont la lame porte sur les deux faces
trois gouttières au talon.
La poignée en fer porte un pas d'âne et des quillons recourbés en S (restaurée ; xvɪᵉ siècle).

123. **Longue rapière espagnole,** poignée en fer à pas d'âne ; lame
à gouttière (xvɪᵉ siècle).

124. **Dague** du xvie siècle, dite main gauche. Coquille en fer gravée en creux et tête en relief. Longs quillons droits. Lame découpée sur une partie des deux tranchants et gravée.

125. **Poignard,** tout en fer, à lame quadrangulaire, les quillons recourbés en dehors (xvie siècle).

126. **Epée italienne** à coquille gravée et quillons recourbés. Lame à deux tranchants, forgée à facettes (xviie siècle). Restaurée.

127. **Epée italienne** à coquille et quillons droits (xviie siècle), lame ressoudée.

128. **Epée italienne** dont la garde en fer porte une demi-coquille repoussée d'ornements (xviie siècle) et une lame gravée avec têtes et légendes.

129. **Epée** du xviie siècle, dont la poignée en fer est à double coquille, décorée d'entrelacs repercés à jour. La fusée est dépourvue de sa garniture et le pommeau manque. Lame quadrangulaire.

130. **Epée espagnole** à pas d'âne, dont la poignée en fer est à quillons recourbés en S (xviie siècle). Restaurée.

131. **Epée à lame triangulaire** décorée d'ornements (xviie siècle), une poignée à double coquille repercée d'ornements. Restaurée.

132. **Epée** du xviie siècle, dont la garde en fer présente sur les deux faces des entrelacs damasquinés en argent et fleurs ciselées en relief. La fusée et le bouton sont du même travail. La lame a des traces de gravure.

133. **Epée italienne,** dont la garde en fer ciselé présente une demi-coquille finement repercée à jour. Bonne ciselure. Lame gravée avec légendes (xviie siècle).

134. **Lame d'épée plate** (xviie siècle), près du talon et sur les deux plats figurent quatre rainures dorées et percées d'ornements à jour.

135. **Deux lames d'épée** anciennes et un fragment de poignée d'épée en fer.

136. **Dague** entièrement en fer et acier, du travail dit damassage et forgée d'une seule pièce. Le travail du damassage a été mis à jour par un procédé qui a laissé en relief l'acier et creusé les parties en fer (xviiie siècle).
(Long. 0.37.)

137. **Couteau de chasse** tout en fer : manche figurant un oiseau et entièrement ciselé. Gaine aussi en fer (xviiie siècle).

138. **Epée de cour,** dont la poignée en fer à double coquille, et les autres parties sont ciselées d'ornements ajourés en quadrillages. Fusée en bois. Petite lame à gouttière repercée à jour (xviie siècle).

139. **Epée Louis XIV,** dont la poignée en fer présente une garde à double coquille quadrillée à jour. Lame triangulaire gravée d'ornements.
Restaurée.

140. **Petite épée Louis XIV** dont la poignée en fer est toute damasquinée en argent : fleurs en rinceaux de bon style. Lame plate gravée de personnages et d'une légende : amour fait beaucoup, mais argent fait tout.

141. **Lame d'épée Louis XIV** triangulaire. Au talon existe une partie beaucoup plus large que le reste de la lame et sur laquelle sont gravés quelques ornements dorés.

142. **Petite épée de cour Louis XIV** dont la poignée en fer est damasquinée en argent dans toutes ses parties : masques et rinceaux de bon style et d'un joli travail. Lame à gouttière.
— Sans fourreau.

143. **Epée de cour Louis XIV.** La poignée, en fer, a toutes ses parties repercées à jour et couvertes d'ornements en relief sur des fonds d'or.
— Lame triangulaire gravée.
— Fourreau en maroquin noir, dont l'armature en fer est semblable à la poignée comme décors, sauf le crochet de suspension, qui est bon, mais pas de même époque. (Jolie pièce.)

144. **Epée de cour Louis XIV** dont la poignée, toute en fer, est gravée d'ornements. Double coquille repercée à jour. Lame triangulaire gravée.
— Fourreau en bois recouvert d'une peau de serpent avec armature et crochet de suspension en fer gravé et repercé à jour. Fusée tressée en fer.

145. **Epée de cour Louis XIV** (H. Ayasse, fourbisseur à Avignon).
Poignée en fer gravée d'ornements dans toutes ses parties.
Fusée tressée en argent.
Lame triangulaire gravée d'ornements et marque de fabri-
que.
Fourreau en cuir avec les armatures et le crochet de cein-
ture en fer gravé et repercé à jour (quelques restaura-
tions).

146. **Très jolie lame d'épée Louis XIV**, triangulaire. Cinq gouttières et arrête ondulée sur toute la longueur. Ornements
gravés et dorés (un personnage porte une lanterne allumée
en plein soleil et cherche un cœur fidèle, d'après une
légende gravée).

147. **Petite épée** à lame triangulaire gravée (xviie siècle), remontée sur une poignée de travail récent.

148. **Garde en cuivre** d'une petite épée, gravée et ciselée sur
les deux faces. Jolie ornementation Louis XIV.
— **Petit cadre en bronze doré,** ovale, à moulures, pour miniature. Louis XIII.
Soit deux pièces.

149. **Poignée d'épée Louis XIV** en cuivre fondu et ciselé d'ornements en relief. Lame ajoutée (incomplète).

150. **Sabre hongrois** à lame courbe, repercée près du talon d'ornements à jour.
Poignée en fer à coquille pleine et quillons recourbés en S
(xviiie siècle).

151. **Kouthar ou poignard javanais** en fer. Les deux branches
du manche sont découpées en bordure d'un ornement
repercée à jour et d'autres reliefs de style persan.
Large lame. Arme ancienne.

152. **Poignard** à lame courbe, damassée, et manche en corne
noire. Gaine en fer gravée d'ornements. Travail persan
(xviiie siècle).

153. **Poignard** tout en fer, de fabrique moderne (Tolède 1871),
sans gaine.

154. **Petit poignard** en fer, dont la poignée et les quillons droits
sont torses.

155. **Couteau indou** avec une lame courbe montée en argent sur
un manche en défense de sanglier. Monture gravée d'ornements.
(Long. 0.22.)

156. **Pistolet tout en fer,** à quatre canons rayés, superposés et
juxtaposés deux à deux. Deux batteries à silex. Ciselures. Fabrique anglaise du XVIIIe siècle.

157. **Petit pistolet** à canon rayé, tout en fer, entièrement gravé
d'ornements, batterie à silex et de fabrique anglaise
(XVIIIe siècle).
(La pince du silex incomplète.)

BIJOUX DIVERS, INSIGNES MAÇONNIQUES

158. **Broche en strass** montée en argent. Encadrement de feuillage, pour miniature : la vierge à la chaise, d'après Raphaël.
(Haut. 0.05.)

159. **Mosaïque** ronde. Vue prise dans la campagne de Rome
(pont romain antique). Travail moderne, cadre bois.
Légère fente.
(Diam. 0.05.)

160. **Cachet** à deux blasons accolés, gravé sur *cristal de roche*.
Jolie pièce moderne.
— **Paire de boucles d'oreille** taillées en poire : pierres
rouge sang, montées en argent, anciennes.
Soit trois pièces.

161. **Pendentif de collier** en strass, monté en argent, ancien.

162. **Croix de saint Louis.** Emaux de diverses couleurs sur or.
En bon état.

163. **Bague or Louis XV** gravée et ciselée avec la légende : honi
soit qui mal y pense.
A la place du châton, une petite boucle en strass, à deux
ardillons (incomplète).

164. **Bague or Louis XIV** gravée, ciselée et émaillée, portant
au châton une pierre rose.

165. **Petite croix à bélière en strass,** montée en argent; en bon
état, ancienne.
(Haut. 0.05.)

166. **Fragments divers.** Lot composé de 17 pièces, argent, cornaline, etc.

167. **Insigne maçonnique** en cuivre doré (Rose-Croix).

168. **Insigne maçonnique.** Equerre et compas composés de strass, montés en argent.

169. **Insigne maçonnique.** Deux triangles or et argent, formant une étoile à 6 pointes, dans un cercle, le tout en argent doré.
(Diam. 0.05.)

~~~~~~~~~~~~~~~~~~~~~~~~~~

3e VACATION : *Le Vendredi 3 Décembre,*
à 8 heures du soir.

ANTIQUES, BRONZE, VERRE, GRÈS

170. **Pièce d'enfilage** en os. Figure symbolique.
Travail égyptien de haute époque.
(Haut. 0.04.)

171. **Fragment** de décoration d'un *coffre à momie* en **pâte plastique** et dorée.
Travail égyptien de haute époque (la tête est d'un très beau style).
(Haut. 0.06 × 0.06.)

172. **Pièce d'enfilage** ronde en quartz. Jolie pièce gravée d'une tête et de feuillage (Egypte, haute époque).
— **Autre pièce d'enfilage,** de même époque.
Soit deux pièces.

173. **Petit fragment** d'une broderie en perles : émaux de couleur provenant d'un vêtement de momie égyptienne. Jolies colorations disposées par bandes.
(Dim. 0.05 carré.)

174. **Amulettes égyptiennes.** Trois petites pièces.

175. **Petite canope égyptienne** en albâtre antique.
(Haut. 0.14.)
~~~~~~~~~~~~~~~~~~~~~~~~~~

176. **Petit bronze antique** à patine verte, égyptien, figurant un
singe assis, les deux mains sur ses genoux, dans la pose des
sphynx, ayant probablement servi de bouton au couvercle
d'une canope (?).
Très jolie pièce d'un art achevé et très bien conservée.
(Haut. 0.04.)

177. **Fragment** d'un antique égyptien de haute époque, en grès,
portant encore quelques traces d'émail verdâtre : divinité
tenant un serpent dans chacune de ses mains pressées sur
sa poitrine. Sur sa tête, un scarabée. Sur ses épaules les
traces de pattes d'oiseaux. Deux figures en pied, nues,
aux côtés. Au dos, charmante tête de profil, avec deux
ailes d'épervier.
Joli fragment incomplet dans sa partie inférieure, mais
très intéressant comme œuvre d'art et sous beaucoup d'autres rapports.
(Haut. 0.08 × 0.05.)

178. **Phiales à parfums** d'une belle irisation en verre incolore :
deux petites pièces romaines en bon état.

179. **Fibule romaine** en argent (complète).
— **Petite boite rectangulaire** en bronze antique et à charnières, en forme de cercueil (trouvée au cimetière chré-
tien de Sainte-Caliste, catacombes de Rome), et provenant
de la collection de l'abbé Greppo, Lyonnais.
Soit deux pièces.

180. **Tête de taureau** en bronze antique : partie d'une boucle
de ceinture (?).
— **Deux autres petites têtes,** aussi en bronze antique.
— **Autre fragment** en bronze.
Soit quatre pièces diverses.

181. **Bronze romain antique.** Lionne, une patte posée sur un
disque où figure, en fort relief, un masque de femme.
(Largeur, 0.06 × 0.05.)

182. **Bonze romain antique,** petite statuette de Jupiter en pied
lançant la foudre. Patine noire. Socle marbre jaune.
(Haut. du bronze, 0.08.)

183. **Bronze antique romain :** Naïade couchée, accoudée sur une
urne, d'où flue une source abondante.
Jolie pièce d'applique, bien drapée, à patine verte, montée
sur un socle en marbre jaune.
(Bronze, 0.09 × 0.07.)

184. **Bronze antique romain** : Hercule debout, portant sur son bras la peau du lion de Némée, sans patine. Socle en marbre jaune de Sienne.
(Haut. du bronze, 0.14.)

185. **Lampe romaine antique** en bronze, de forme allongée, avec l'anse recourbée, ornée d'une tête de cheval. Patine verdâtre.
(Long. 0.15.)

186. **Bronze antique romain** : statuette de gladiateur vêtu d'une robe à riche bordure, ayant tenu une arme dans sa main droite. Il est debout sur un socle circulaire en bronze faisant corps avec lui. Patine verdâtre.
(Haut. 0.10.)

187. **Bronze romain** : figure panthée, à corps d'oiseau et tête de bélier, formant la tête d'une grande épingle de toilette. Socle en bois noirci.
(Haut. 0.06.)

188. **Epingle romaine** en bronze, sans ornements.

189. **Médaillon ovale en agate** à deux couches : scène à quatre personnages en fort relief, sur un plan uniforme, entourée d'une bordure en feuille de laurier. Belles draperies. Il est probable que cette gemme ancienne a été sertie dans une monture et utilisée comme pièce d'applique au xviᵉ siècle (incomplète).
(Larg. 0.06.)

CAMÉES ET INTAILLES SUR PIERRE DURE DU XVIᵉ AU XIXᵉ SIÈCLE

190. **Camée** à deux couches, sur agate : tête de face d'un Jupiter. Jolie pièce de la fin du xviᵉ siècle italien. Cerclée argent.
(Haut. 0.02.)

191. **Grand médaillon** ovale sur une agate à deux couches : scène à plusieurs personnages, traitée dans le style antique. Très belle pièce italienne de la fin du xviiᵉ siècle.
(Long. 0.07.)

192. **Grande Intaille ronde** gravée sur pierre dure, figurant l'adoration des bergers, montée en cachet sur argent. Travail italien du xviiᵉ siècle. Bonne et importante pièce.
(Diam. 0.06.)

193. **Beau camée** à trois couches sur agate : tête d'Hercule
coiffée d'une tête de lion.
Bon travail italien du xviie siècle.
(Haut. 0.03.)

194. **Camée** dur ovale en agate violette à deux couches : tête de
femme (1800). Charmante petite pièce, qui est évidem-
ment un portrait (0.02).
Légère brèche.

195. **Camée** dur ovale su ragate à deux couches : tête du berger
Pâris, d'après l'antique (1800).
(Diam. 0.025.)

196. **Camée** dur ovale sur cornaline à deux couches : charmante
petite tête de femme avec un diadème (1800).
(Haut. 0.03.)

197. **Grand camée ovale** gravé sur agate à deux couches : portrait d'homme, profil à gauche, coiffé d'une perruque
(xviiie siècle), portant au cou une croix, au bout d'un
long ruban, et une autre croix sur la poitrine, en décoration.
Très belle pièce d'un beau travail bien conservée.
(Portrait du prince de Metternich, ministre autrichien à la
fin du xviiie siècle.)
(Haut. 0.055).

198. **Camée ovale** sur agate à deux couches : tête de face de
Bacchus jeune, couronné de pampres et la peau de lion
sur l'épaule.
Jolie pièce en rouge sanguin sur fond incolore d'un bel
effet et d'un beau travail (1800).
(Haut. 0.03)

199. **Camée ovale** sur agate laiteuse à deux couches : une nymphe assise désarme l'Amour.
Cette jolie pierre, d'un travail très soigné, aussi distingué
par la composition que par l'exécution, est signée de *Gi-
rometti*, célèbre graveur en pierres fines, Italien, vers la
fin du xviiie siècle.
(Haut. 0.04.)

200. **Beau camée ovale** à plusieurs couches : femme assise sur
un rocher et tenant suspendue une guirlande de fleurs.
Très fort relief, presque en ronde bosse. Cerclé en cuivre
doré. Signé *Mastini*, célèbre graveur en pierres fines de
la fin du xviiie siècle, connu par un beau médaillon de
Napoléon Ier.
(Fracturé et restauré.)
(Haut. 0.04.)

201. **Médaillon ovale en agate** à trois couches, présentant une
tête de bacchante, avec quelques pampres dans sa coiffure
et une tête de bélier sur l'épaule. Cercle d'or (xviiie siècle).
(Haut. 0.025.)

202. **Grand médaillon ovale sur agate** à deux couches : nymphe
endormie; un faune la découvre.
Travail italien du xviiie siècle.
(Diam. 0.07.)

203. **Petit camée sur agate** à deux couches : femme en buste
dont la main déploie une longue chevelure.
Travail italien du xviiie siècle.
(Haut. 0.025.)

204. **Camée en agate** : tête de César romain laurée, montée en
bague. Travail italien du xviiie siècle. Monture or.
(Haut. 0.03.)

205. **Camée sur agate** à trois couches : tête d'homme à longue
barbe, la tête est ceinte d'une couronne de laurier.
Travail italien du xviiie siècle.
(Haut. 0.035.)

206. **Camée sur agate** à deux couches : tête d'homme de face,
la tête ceinte d'une couronne de lauriers. Jolie pièce italienne de la fin du xviiie siècle.
(Haut. 0.035.)

207. **Petit camée sur agate** : tête d'homme chauve. Jolie pièce
italienne du xixe siècle.
(Haut. 0.025.)

208. **Beau camée** à deux couches sur agate : tête de Jupiter d'un
beau caractère. Bon travail italien du xixe siècle.
(Haut. 0.05.)

209. **Camée** ovale à deux couches : belle tête casquée de guerrier
grec. Bon travail italien du commencement du xixe siècle.
(Haut. 0.04.)

210. **Très beau camée ovale en agate** à trois couches, dont les
différentes colorations ont été heureusement utilisées :
tête de femme coiffée du bonnet phrygien.
Beau travail avec une monture en or figurant une guirlande
de pampre ajourée, ciselée, émaillée d'un filet bleu et décorée de cinq pierres fines de diverses couleurs, dont deux
taillées et trois en cabochons.
Beau médaillon de travail moderne (1820).
(Haut. 0.05.)

211. **Beau camée ovale sur agate** à deux couches : tête de jeune
faune souriant.
— Pomme de pin dans le champ. Belle pièce moderne (1820).
(Haut. 0. 04.)

212. **Camée sur agate** à deux couches : charmante tête de
femme, coiffure grecque de la belle époque antique, finement gravée. Travail du commencement du xixe siècle
(Empire).
(Haut. 0. 04.)

213. **Joli camée** composé d'une tête d'homme en pierre tendre
sur un fond d'agate. Travail italien de 1800 environ,
d'après l'antique.
(Haut. 0.035.)

214. **Très joli camée** composé d'une tête d'homme en *pierre tendre* sur un fond *d'agate*. Travail italien du commencement du xixe siècle, d'après l'antique.
(Haut. 0.035.)

215. **Camée** dur ovale sur cornaline à deux couches : tête de
femme en coiffure du xvie siècle.. Travail moderne.
(Haut. 0.025.)

216. **Camée** dur rond sur agate à deux couches : tête de bacchante, une couronne de pampre. Bon travail moderne.
(Diam. 0.03.)

217. **Camée** dur ovale sur agate à deux couches : vierge au
voile. Travail moderne.
(Haut. 0.045.)

218. **Camées** durs ovales à deux couches :
1° Têtes d'homme et de femme, d'après l'antique ;
2° Tête de femme coiffée à *l'*antique.
Soit deux pièces (nez cassés) modernes.

219. **Camée** dur ovale sur agate opaline à deux couches : tête
d'homme, d'après l'antique. Travail moderne.
(Haut. 0.03.)

220. **Camée** dur ovale sur cornaline à deux couches : tête de
femme coiffée d'après l'antique. Travail moderne.
(Haut. 0.025.)

221. **Quatre camées** durs sur agate, dont un à trois couches,
soit : un masque comique et trois têtes de femme, d'après
l'antique. Travail moderne.

222. Deux intailles :
    — Diane assise, cornaline.
    — Neptune commande aux flots. Quartz fumé.
    — Deux camées de très petites dimensions.
Soit quatre petites pièces de travail moderne.

223. Cinq petites intailles sur cornaline et jaspe : têtes, animaux et fleurs.

CAMÉES SUR COQUILLE

224. Camée sur coquille : l'Innocence, allégorie. Jolie et fine pièce.
(Haut. 0.04.)

225. Camée sur coquille : tête de femme, portrait de Pauline Bonaparte. Travail du temps.
(Haut. 0.035.)

226. Camée sur coquille : char d'Apollon ; les Heures dansent autour. Importante pièce.
(Long. 0.06.)

227. Camée sur coquille : tête de bacchante, couronnée de pampre. Jolie pièce finement travaillée.
(Haut. 0.04.)

228. Camée sur coquille. Danse des trois Grâces, d'après Canova (?) (1800).
(Haut. 0.05.)

229. Camée sur coquille : bacchante couronnée de pampre. Grande dimension. Bon travail.
(Haut. 0.05.)

230. Camées sur coquilles : trois pièces diverses. Travail moderne.

NACRE SCULPTÉE

231. Plaquette en nacre, sculptée en bas-relief. Dessus de boîte rectangulaire figurant l'enlèvement d'Europe, dans une riche ornementation de Bérain, finement sculptée. (Légèrement usée et réparation aux angles.) Bon travail français ancien. Cadre noir.
(Larg. 0.07 × 0.05.)

232. **Plaquette ovale en nacre gravée :** combat de deux cavaliers en costumes du XVIIe siècle. Travail hollandais de même époque, exécuté comme une gravure au burin, sur cuivre. Dessus de boîte dans un cadre en cuivre.
(Larg. 0.07.)

BIBELOTS DIVERS EN PAILLE, PERLES, BOIS, CUIR, AGATE, CRISTAL, ARGENT, TERRE CUITE, ETC.

233. **Petite statuette** assise au type oriental, posant un doigt sur ses lèvres. Sujet érotique, sculpté dans un calcaire verdâtre. Pièce ancienne, d'époque indéterminée.
(Haut. 0.035.)

234. **Poupée orientale** figurant un turc en costume et étoffes de son pays, et dont la tête, les mains, les pieds sont en terre cuite. Travail oriental moderne.
(Haut. 0.22.)

235. **Panneau en bois sculpté,** découpé à jour d'ornements en feuillage stylisé Louis XIII, et monté dans son encadrement pour l'utiliser comme porte dans un meuble.
(Haut. 0.26 × 0.22.)

236. **Petit mortier** octogone taillé en agate, avec son pilon.
(Diam. 0.06.)

237. **Grande coupe ovale** en agate onyx moussue grise. Travail moderne.
(Long. 0.21 × 0.15.)

238. **Calice en cuivre** fondu et ciselé. Pied à 6 lobes, à personnages : nœud avec vertus, allégories et coupe avec têtes d'anges ailées.
(Haut. 0.19.)

239. **Groupe en terre de Lorraine :** une bergère se lave les pieds dans le bassin d'une fontaine ; deux chasseurs cachés et indiscrets l'observent. Importante pièce moulée et retouchée à l'ébauchoir.
Travail moderne.
(Haut. 0.40.)

240. **Cuivre repoussé** gravé et ciselé d'ornements. Pièce d'armure persane (?) d'un bon travail.

241. **Flacon en cristal taillé,** à reflets opalins dorés, forme lenticulaire, fermeture argent (1820).
(Haut. 0.07.)

242. **Porte-cartes** ou porte-cigares en velours, brodé d'ornements. Ancien travail algérien.

243. **Estampage en cuir**, oblong en hauteur, dans le style de la Renaissance, encadrant un sujet gravé sur cuir, figurant une vierge et enfant, dessiné, doré et colorié dans l'esprit du xv° siècle.
Travail moderne.
(Haut. 0.37 × 0.21.)

244. **Portefeuille** en maroquin rouge à grains longs, mosaïqué en maroquin de couleur et fers dorés (1830).
Bonen conservation.

245. **Petit flacon en verre**, style de Venise.
— **Deux petits émaux modernes**, de style.
— **Pendentif émaillé**, moderne. Jolie pièce ajourée.
— **Cochon porte-veine**.
Soit cinq petites pièces.

246. **Bourse en perles** polychrome (souvenir d'amitié). Fermoir argent estampé (1830) en bon état.

247. **Plateau carré** en bois, décoré de mosaïques en *paille de couleur*. Travail chinois moderne.
(Dim. 0.27 carré.)

248. **Coffret** (nécessaire de dame) à compartiments. Travail en mosaïque de *pailles teintes* (Louis XVI).
Pas en bon état.
(Long. 0.22 × 0.16.)

249. **Dessin de boite.** Travail de mosaïque en *pailles teintes* figurant une ville, port de mer, au soleil levant. Travail ancien.
(Long. 0.14 × 0.22.)

250. **Petite coupe en argent**, gravée. Travail moderne.

251. **Bois sculpté :** homme accroupi. Petite pièce scatologique.
Travail moderne.
(Haut. 0.05.)

252. **Pipe à opium** en cuivre, avec ses accessoires, garnie d'une enveloppe en langue de saurien polie et teinte en vert.
Travail moderne.
(Haut. 0.45.)

253. **Six socles ronds** en bois sculpté à jour pour support de porcelaines de Chine. Pièces modernes. Diverses grandeurs.

254. **Socle** en marbre blanc, avec sculpture moderne.
— **Autre socle** à moulures, octogone, en marbre jaune ancien. Soit deux pièces.

4ᵉ VACATION : *Le Samedi 4 Décembre,*
à 8 heures du soir.

IVOIRES SCULPTÉS EUROPÉENS DU XIVᵉ AU XIXᵉ SIÈCLE
PLAQUETTES, GROUPES, STATUETTES, ETC.

255. **Ivoire.** Beau fragment de Christ en croix, mort et souffrant jusque dans la mort (xivᵉ siècle).
(Haut. 0.09.)

256. **Ivoire.** Statuette. La vierge debout, avec l'enfant Jésus dans ses bras.
Belle pièce italienne de la fin du xvᵉ siècle, charmante d'expression maternelle et bien drapée. Socle en bois noir.
(Haut. du sujet, 0.16.)

257. **Ivoire.** Volet de diptyque : l'ensevelissement du Christ.
Très jolie petite pièce, sous une arcature gothique (xivᵉ siècle). Encadrement moderne en bois noir guilloché.
(Haut. du sujet, 0.08 × 0.04.)

258. **Ivoire.** Plaquette rectangulaire en hauteur. Saint Jean-Baptiste en pied, portant l'agneau dans ses bras ; dans une arcature d'architecture byzantine (xivᵉ siècle).
(Haut. 0.12 × 0.05.)

259. **Ivoire.** Statuette : Saint Pierre debout. Jolie pièce d'applique bien drapée et d'un beau caractère. Fin du xvᵉ siècle.
(Haut. 0.12.)

260. **Ivoire.** Volet de triptyque : la Vierge debout, avec l'enfant Jésus dans ses bras et deux personnages, sous une arcature gothique (xivᵉ siècle).
(Haut. 0.06 × 0.03.)

261. **Ivoire.** Volet de diptyque : Jésus crucifié ; les saintes femmes et les disciples debout au pied de la croix (xivᵉ siècle).
(Haut. 0.08 × 0.06.)

262. **Très beau Christ en ivoire,** du xvie siècle (malheureusement
incomplet des bras et de l'extrémité des jambes). Une tra-
dition dans la famille des Doria, de Gênes, dont cet ivoire
provient, en attribue l'exécution à Léonard de Vinci. La
belle expression de la tête florentine et la savante anatomie du corps justifient cette attribution.
(Haut. 0.15.)

263. **Ivoires.** Plaquette rectangulaire comportant deux personnages debout, vêtus de longues robes et joignant les mains
dans une attitude religieuse, rappelant les fresques du
mont Athos. Cadre bois noir.
(Haut. des sujets, 0.09 × 0.05.)

264. **Ivoire.** Statuette : Vierge en pied, avec l'enfant Jésus dans
ses bras.
Fort jolie et importante pièce, charmante d'expression, déli-
catement évidée dans tous les détails des draperies.
Travail flamand de la fin du xvie siècle, rappelant les types
· primitifs de l'école.
— Socle en marbre blanc moderne.
(Haut. du sujet, 0.19.)

265. **Ivoire.** Statuette : personnage, les mains jointes, agenouillé.
Travail espagnol du xvie siècle, ayant fait partie d'un ensem-
ble.
(Haut. 0.09.)

266. **Ivoire.** Statuette : sainte Marthe foulant aux pieds un dragon ailé, lequel tient dans sa gueule le bout de son voile.
Excellente pièce du xvie siècle, charmante d'expression, presque un portrait, très soignée dans tous ses détails (restaurée à la base et nimbe absent).
(Haut. 0.17.)

267. **Ivoire.** Statuette : Vierge en pied, avec l'enfant Jésus dans
ses bras.
Pièce importante de la fin du xvie siècle. Travail espagnol
(restaurée au pied et nimbe absent).
Socle moderne, relié en maroquin.
(Haut. du sujet, 0.14.)

268. **Ivoire.** Pan, en pied, appuyé sur un tronc d'arbre, recouvert
d'une peau de lion et jouant de la flûte à sept trous.
Bonne pièce de la fin du xvie siècle. Main restaurée (manche
de couteau).
(Haut. 0.10.)

269. **Ivoire.** Statuette d'enfant nu endormi. Fort jolie pièce
ayant fait partie d'un ensemble (Jésus dans son berceau).
(xvie siècle.)
Un des bras a été réajusté.
(Long. 0.15.)

270. **Ivoire.** Plaquette où figurent deux femmes debout, vêtues
de longues robes et sculptées en bas-relief.
Pièce d'applique (Italie, xvie siècle).
(Haut. 0.07 × 0.03.)

271. **Ivoire.** Sacrifice d'Abraham. Tous les personnages de l'épi-
sode biblique se trouvent réunis dans cette pièce. Manche
de couteau (xvie siècle).
(Long. 0.10.)

272. **Couvêrcle** de boîte ou valve de miroir italien ovale en *ivoire ;*
ornements finement cloutés en cuivre et en pierres de couleur, sur des encadrements en relief. Travail italien de la
fin du xvie siècle.
(Larg. 0.10.)

273. **Bas-relief ivoire :** Jésus descendu de la croix est étendu sur
les genoux de la Vierge. Saint Jean et sainte Magdeleine
sont présents.
Travail italien du xviie siècle.
— Cadre de style Louis XV.
(Haut. de l'ivoire, 0.16 × 0.09.)

274. **Plaquette ovale en ivoire :** le jugement de Salomon à 5 personnages, sculpté en bas-relief.
Travail du xviie siècle, monté sur fond de velours. Fente et
restauration.
(Long. 0.09.)

275. **Plaquette en ivoire :** (dessus de boîte) naissance de Bacchus.
Scène mythologique sculptée en bas-relief, parfaitement conservée. Bon dessin et fort jolie exécution. Travail hollandais du xviie siècle. Cadre ébène.
(Larg. 0.09 × 0.06.)

276. **Plaquette en ivoire** (dessus de boîte) : la délivrance d'An-
dromède.
Bas-relief italien, très finement exécuté (xviie siècle). Cadre
en bois noir.
(Long. 0.10 × 0.08.)

277. **Ivoire :** plaque sculptée en bas-relief. Personnage allégorique assis sur un banc à dossier. Cette singulière figure a trois visages, trois cornes de cerf, elle est vêtue de peaux de bêtes, avec cinq masques humains sur le corps, et un sceptre à la main. Elle est enchaînée sur son siège.
— Moulure d'encadrement (XVIIᵉ siècle).
(Haut. 0.17 × 0.12.)

278. **Ivoire.** Statuette : sainte femme allant au tombeau du Christ et portant un vase à parfums.
Bonne pièce religieuse du XVIIᵉ siècle.
(Haut. 0.18.)

279. **Ivoire.** Médaillon ovale. Portrait de femme de profil à droite en grand costume Louis XIV. Œuvre d'art du XVIIᵉ siècle (un peu usé).
(Haut. 0.05.)

280. **Ivoire.** Statuette de vierge en pied, avec l'enfant Jésus sur son bras (XVIIᵉ siècle).
(Très petite pièce d'applique.
(Haut. 0.07.)

281. **Ivoire.** Vierge immaculée agenouillée, fixée sur un fond de velours noir, dans un cadre rond en ivoire, à moulures.
(La Vierge, pièce d'applique, est du XVIIᵉ siècle.)
(Diam. 0.09.)

282. **Ivoire.** Martyre de saint Sébastien, debout, et lié à un arbre est percé de flèches.
Petite pièce du XVIIᵉ siècle, très délicatement évidée.
(Haut. 0.08.)

283. **Ivoire.** Satyre portant sur son dos une bacchante nue et ivre. Un lézard grimpe à un tronc d'arbre. Bonne pièce de l'École flamande du XVIIᵉ siècle. La partie inférieure, à partir des genoux du satyre, doit manquer.
— Manche de couteau (?) monté sur un socle aussi en ivoire.
(Haut. totale, 0.10.)

284. **Ivoire.** Homme accroupi. Bonne petite pièce scatologique de l'École flamande du XVIIᵉ siècle, fort bien sculptée et ciselée avec soin.
(Haut. 0.04.)

285. **Statuette équestre en ivoire.** Henri IV couvert de son armure montrant à ses compagnons d'armes le panache blanc de son casque, qui, selon le mot historique, doit les conduire dans le chemin de l'honneur.
Importante pièce finement ciselée, montée sur socle en marbre. Travail français du XVIIᵉ siècle.
(Haut. de l'ivoire : 0.27 × 0.22.)

286. **Ivoire.** Statuette : saint Joseph en pied, une tige de lys à
la main.
Très bonne et importante pièce, expressive et drapée avec
souplesse (xviie siècle). Montée sur un socle aussi en
ivoire. (Nimbe absent.)
(Haut. du sujet : 0.18.)

287. **Ivoires.** Statuette : petit Amour musicien, en pied.
— Autre Amour musicien, en pied.
Soit deux pièces se faisant pendant (xviie siècle). Montées
sur des socles en bois noir.
(Haut. des sujets : 0.08.)

288. **Ivoire.** Statuette : saint François de Sales, en pied, prê-
chant.
Très bonne pièce ancienne, d'un intérêt iconographique et
artistique. Montée sur un socle en ébène.
Petite échancrure à la base.
(Haut. du sujet : 0.11.)

289. **Ivoire.** Statuette : Christ à la colonne. Bel ivoire du xvii^e
siècle, très expressif et d'une excellente anatomie (quelques petites défectuosités).
— Socle en ivoire.
(Haut. du sujet : 0.13.)

290. **Ivoire.** Statuette : femme accroupie (scatologie). Ivoire pa-
tiné du xviie siècle.
— Socle relié en maroquin.
(Haut. du sujet: 0.09.)

291. **Ivoires.** Statuettes : deux musiciens en pied, violon et cor-
nemuse sont chacun pris d'un accès de colère.
Fort belles pièces, un peu caricaturales, mais d'un bon tra-
vail flamand du xviie siècle et importantes.
— Socles en bois sculptés.
(Haut. des sujets : 0.13.)

292. **Ivoires.** Statuettes : les quatre éléments : la terre, l'eau,
l'air et le feu figurés par des femmes plus ou moins nues,
avec les attributs utiles à leur personnification.
Bonnes petites pièces de grande allure et d'un travail très
délicat (xviie siècle).
— Socles en bois, cerclés d'ivoire.
(Haut. du sujet : 0.07.) (Hauteur totale : 0.12.)

293. **Ivoire.** Statuette : une des quatre parties du jour. (Le
Midi), allégorie figurée par une femme demi-nue et un
amour (xviie siècle).
— Socle bois noir à moulures d'ivoire.
(Haut. du sujet : 0.07.)

294. **Ivoire.** Pièce de jeu d'échecs : la Reine, fort jolie petite
pièce du xviie siècle.
— Socle en bois noir.
(Haut. totale : 0.09.)

295. **Chasse au cerf :** couvercle de tabatière sculpté sur **ivoire**
en bas-relief. Le cerf est assailli par une meute entière.
Bonne pièce du xviiie siècle.
(Larg. 0.06.)

296. **Ivoire :** Groupe à deux personnages debout : homme et
femme en costume allemand du xviiie siècle.
Petite pièce ancienne remontée sur un socle en bois noir.
Jambes refaites.
(Haut. du sujet : 0.07.)

297. **Ivoire.** Chien de chasse épagneul tenant un oiseau dans sa
gueule.
Fort jolie pièce du xviiie siècle, montée sur un socle en bois
noir (queue recollée).
(Long. du sujet : 0.12 × 0.05.)

298. **Ivoire.** Christ mort. Bonne petite pièce d'un travail très
soigné. Œuvre d'art signée de C. M. Vuillard (de Saint-
Claude).
(Haut. 0.18.)

299. **Ivoire.** Médaillon ovale en hauteur : Saint Louis de Gon-
zague (?) sculpté en fort relief. Œuvre d'art du xviiie siècle, dans un cadre en bois à moulures.
(Haut. 0.10.)

300. **Ivoire.** Statuette de petit Savoyard jouant de la vielle,
chantant et dansant.
— Socle ivoire. Jolie pièce du xviiie siècle.
(Haut. totale : 0.13.)

301. **Ivoire.** Statuette : Saint Louis, roi de France, en pied,
portant le sceptre royal.
— Fort jolie petite pièce du xviiie siècle, montée sur un
socle en bois noir (quelques fractures).
(Haut. du sujet : 0.11.)

302. **Ivoire.** Statuette : Assomption de la sainte vierge.
Très belle pièce, d'un bon mouvement et superbement dra-
pée. Œuvre d'art d'une très bonne exécution (xviiie siècle).
Pièce d'applique fixée sur une petite base carrée.
(Haut. 0.16.)

303. **Ivoire.** Buste d'homme à grand chapeau, rabat et visage
     bizarrement accentués (xviii° siècle), monté sur un pied
     aussi en ivoire.
     (Haut. totale : 0.12.)

304. **Plaquette en os,** rectangulaire, où est gravé un sujet saty-
     rique : personnage montant un animal à quatre pattes et
     à tête et col d'oiseau. Travail curieux.
     (Haut. 0.10 × 0.06.)

305. **Ivoire.** Très petit groupe ancien, scatologique, à deux per-
     sonnages (incomplet).
     (Haut. 0.03.)

306. **Ivoire.** Petite statuette en pied, de saint Jean-Baptiste
     enfant.
     Fort jolie petite pièce ancienne.
     (Haut. 0.08.)

307. **Ivoire.** Joli buste d'enfant coiffé d'un petit bonnet à trois
     pièces, sculpté sur une gaine en forme de manche de ca-
     chet. Bonne pièce déjà ancienne (œuvre d'art).

308. **Ivoire.** Petite statuette de **P.** Corneille, en pied, sur un
     socle en ivoire. Travail déjà ancien.
     (Haut. totale : 0.08.)

309. **Ivoire.** Lion marin ailé. Pommeau de canne (?) ancien.
     Très jolie pièce d'un beau ton.
     (Long. 0.08.)

310. **Médaillon ivoire.** Bonaparte, premier consul, profil à droite,
     monté sur fond de peluche, cadre du temps, ovale.
     Pièce ancienne.
     (Haut. de l'ivoire : 0.06.)

311. **Ivoire.** Triptyque fermant à volets, où figure, en bas-relief,
     la Cène, d'après Léonard de Vinci.
     Travail moderne très important et dont tous les détails sont
     traités avec une grande précision et une remarquable
     sûreté de main.
     (Larg. ouvert : 0.16 × 0.14.)

312. **Ivoire.** Triptyque à volets : le passage du pont d'Arcole,
     Bonaparte, un drapeau à la main, s'élance à la tête des
     grenadiers.
     Très bon travail moderne, d'après un maître de l'Ecole fran-
     çaise.
     (Long. ouvert : 0.12 × 0.15.)

313. **Ivoire.** Triptyque à volets. Mariage royal : scène en bas-relief, à nombreux personnages en costume du xvie siècle. Le motif central porte en fronton les armes royales de France.
Travail moderne très soigné.
(Larg. ouvert : 0.17 × 0.14.)

314. **Ivoire.** Diptyque à volets. Dans six registres superposés, se développent des scènes du nouveau Testament : l'annonciation ; la naissance du Christ ; l'adoration des Mages ; la trahison de Judas ; la crucifixion ; la résurrection ; l'ascension et la Pentecôte ; le tout à très nombreux personnages dans le style gothique, ayant été rehaussé d'or. Excellent travail moderne, copie d'une pièce ancienne très importante du xiiie siècle.
(Larg. ouvert : 0.17 × 0.17.)

315. **Ivoire.** Plaque ayant recouvert un carnet de bal. Dans un ovale figure une scène à deux personnages en costume du xvie siècle, sculptée en bas-relief (1830).
Très joli travail.
(Haut. 0.09 × 0.05.)

316. **Ivoire.** Plaque sculptée en bas-relief figurant l'empereur Napoléon Ier, assis devant sa tente et consultant une carte...
Bonne pièce assez largement traitée.
Ivoire teinté en bistre.
(Haut. 0.17 × 0.07.)

317. **Ivoire.** Carnet de bal orné de plaques d'ivoire, dont l'une figure, sculpté en bas-relief, un paysage dans lequel se promènent deux personnages en costume Louis XV. Au fond, un carrosse à deux chevaux, le tout dans un encadrement de fleurs ajourées.
Très fin travail (1830). Garniture intérieure en moire, avec un semainier et une vignette.
(Haut. 0.09 × 0.06.)

318. **Ivoire.** Couverture d'un carnet de bal, dont les deux plaques d'ivoire sont sculptées en bas-relief. L'une : un garde-chasse et un piqueur, dans un encadrement orné ; l'autre, un semis de fleurs et feuillages.
(Haut. 0.09 × 0.06.)

319. **Ivoire.** Petit groupe d'un cheval, qui se cabre, tenu en bride par son écuyer, sur un socle d'ivoire, dont il fait partie. Travail moderne.
(Long. 0.04 × 0.03.)

320. **Ivoire.** Buste d'homme coiffé d'une toque à plume, sculpté
en manche de cachet.
Travail moderne.
(Long. 0.06.)

321. **Ivoire.** Petit buste de Jeanne d'Arc, armée d'une cuirasse.
Manche de cachet monté sur un socle en bois noir.
Travail moderne.
(Haut. du sujet : 0.06.)

322. **Ivoire.** Poule et poussins, groupe pris dans le bloc et monté
sur un socle en bois noir.
Travail moderne.
(Haut. du sujet : 0.06.)

323. **Ivoire.** Petit buste d'enfant riant. Jolie pièce pour manche
de cachet. Monté sur un socle en bois noir.
Travail moderne.
(Haut. 0.07.)

324. **Ivoire.** Napoléon Ier, en pied, sur un socle en bois noir.
Ivoire ancien.
(Haut. du sujet : 0.17.)

325. **Ivoire.** Sifflet : buste de Cérès, couronnée d'épis. Charmante
petite pièce délicatement fouillée dans le style de l'antique. Œuvre d'art (1800 environ).
(Haut. 0.08.)

326. **Ivoire.** Tête de République coiffée d'un bonnet phrygien
avec couronne de lauriers. Sculpture d'un grand caractère (1793).
Manche de couteau ou de timbre.

327. **Ivoire.** Petite statuette en pied, de Napoléon Ier. Fort jolie
pièce du temps, sur un socle en bois noir, cerclé d'ivoire.
(Haut. du sujet : 0.07.)

328. **Ivoire.** Médaillon ovale, dans lequel est appliquée, sur un
fond de velours violet, une vierge immaculée.
Travail moderne.
(Diam. 0.10.)

329. **Ivoire.** Statuette de J.-J. Rousseau, en pied, montée sur
un socle en marbre. Bonne pièce de travail moderne.
(Haut. du sujet : 0.10.)

330. **Ivoire.** Buste de Voltaire, sur une base de deux palmettes,
faisant corps avec la pièce.
Fort bon travail (1820). Manche de couteau à papier monté
sur un socle en bois noir.
(Haut. du sujet : 0.10.)

331. **Ivoire.** Nymphe nue assise sur une lionne en marche, le bras
appuyé sur la tête de l'animal.
Fort jolie petite pièce prise dans le bloc et délicatement
ajourée. (Jambe recollée.)
Œuvre d'art. — Socle bois noir.
(Long. du sujet : 0.05 × 0.05.)

332. **Ivoire.** Statuette de femme nue, en pied, dans la pose de
Vénus de Médicis.
Fort jolie et importante pièce prise dans un bloc d'ivoire très
pur. Bon travail moderne, signé de E. Peyronnet.
(Haut. 0.21.)

333. **Ivoire.** Cerf broutant une feuille d'arbre.
Petite pièce sur terrasse prise dans le bloc. Joli travail
(1830), monté sur un socle rectangulaire en bois noir.
(Haut. du sujet : 0.08 × 0.08.)

334. **Ivoire.** Partie de cartes. Deux personnages attablés. Char-
mante petite pièce.
Travail moderne.
(Long. 0.07 × 0.05.)

335. **Ivoire.** Statuette : saint évêque, en pied. Très bonne pièce,
belles draperies : expression juste (1800).
— Socle noir.
(Haut. du sujet : 0.11.)

336. **Ivoire.** Statuette : marchand de cuillères en bois portant sa
marchandise dans une hotte, sa pipe et son tabac dans
ses poches.
Curieux travail allemand (1820). Bon mouvement et expression.
— Socle en bois noir.
(Haut. du sujet : 0.12.)

337. **Ivoire.** Statuette. Femme en pied portant un sac sur son
dos. Curieux travail allemand, très expressif et vrai d'allure
(1820).
— Socle en bois noir.
(Haut. du sujet : 0.12.)

338. **Ivoire.** Statuette. Femme en pied portant deux casserolles
sur ses bras.
Jolie pièce expressive de travail allemand (1820).
Travail moderne.
(Haut. du sujet : 0.12.)

339. **Ivoire.** Vase en forme de pot à lait, décoré sur la panse d'une couronne de roses sculptée en bas-relief, avec une anse, formée de deux serpents entrelacés (1830). Restaurée.
(Diam. 0.07.)

5e **VACATION** : *Le Lundi 6 Décembre,*
à 8 heures du soir.

340. **Ivoires.**
— Très petite tête de Christ pour Chapelet.
— Etui de plan ovale.
Soit deux pièces modernes.

341. **Ivoire.** Etui figuré par une jambe de femme chaussée d'une pantoufle rouge. Il peut servir de cachet.
(Long. 0.08.)

342. **Bois et ivoire.** Corbeille ronde évasée et ajourée au pourtour par des petits balustres tournés en ivoire (XVIIIe siècle).
(Diam. 0.22.)

343. **Ivoire.** Boîte rectangulaire s'ouvrant à coulisse, ciselée au couvercle d'un rang de perles et des initiales J. C. entrelacées, couronne de marquis. Jolie petite pièce du XVIIIe siècle.
(Long. 0.07 × 0.04.)

344. **Ivoire.** Statuette : Vierge glorieuse en pied. Travail étranger, des colonies espagnoles de l'Amérique du Sud (XVIIe siècle).
— Socle ivoire et ébène.
(Haut. totale 0.18.)

345. **Ivoire.** Groupe à quatre personnages : homme et femme debout, vêtus d'un simple jupon, et deux enfants à leurs pieds.
Pièce ancienne figurative de quelque mythe indien de l'Amérique du Sud (?).
(Haut. 0.09 × 0.03.)

346. **Ivoire.** Coffret vénitien du XVIe siècle, avec incrustation d'ornements géométriques en ébène et ivoire. Couvercle bombé à trois faces. Serrure en cuivre.
(Long. 0.12 × 0.09.)

IVOIRES DE DIEPPE
GROUPES, STATUETTES, ETC.

347. **Ivoire.** Le marchand de mort aux rats. Statuette en pied
avec tous ses accessoires. Jolie pièce bien évidée, d'un bon
mouvement et largement traitée.
— Ivoire de Dieppe (1790) monté sur un socle noir à moulures d'ébènes.
(Haut. du sujet : 0.12.)

348. **Ivoire.** Savetier à son échoppe, avec son perroquet au per-
choir.
Ivoire de Dieppe (1790).
(Haut. 0.07 × 0.07.)

349. **Ivoire.** Statuette en pied : saint Jean-Baptiste annonçant
la venue du Christ.
Bonne pièce prise dans le bloc, bien posée et largement traitée. Ivoire de Dieppe, monté sur un socle noir à moulures
d'ivoire.
(Haut. du sujet : 0.11.)

350. **Ivoire.** Marchande de fleurs debout, avec son panier garni.
Charmante petite pièce d'un seul bloc, en costume
Louis XVI, fort bien évidée. Travail de Dieppe.
(Haut. 0.06.)

351. **Ivoire.** Statuette : marchande de tortues. Très jolie petite
pièce en pied. Travail de Dieppe (1800).
— Socle en bois noir.
(Haut. de l'ivoire : 0.10.)

352. **Ivoire.** Statuette de jeune femme portant une tortue. Petit
ivoire de Dieppe sur socle aussi en ivoire (1830).
(Haut. totale :

353. **Ivoire.** Paysan breton en costume national. Statuette en
pied : petit ivoire de Dieppe (1820).
(Haut. 0.07.)

354. **Ivoire.** Pêcheur normand. Statuette en pied : petit ivoire
de Dieppe sur un petit socle aussi en ivoire (1820).
(Haut. totale : 0.10.)

355. **Ivoire.** Marchande de fleurs, en pied. Petit ivoire de Dieppe
(1830) sur un socle aussi en ivoire.
(Haut. totale : 0.10.)

356. **Ivoire.** Femme de pêcheur, costume et ivoire de Dieppe.
Sur un petit socle aussi en ivoire (1820).
(Haut. totale : 0.10.)

357. **Ivoire.** Etudiant. Statuette en pied, costume du temps
(1830). Très joli travail de Dieppe.
(Haut. totale : 0.08.)

358. **Ivoire.** Béranger en pied. Trsè petite statuette, montée sur
un socle en ivoire.
Ivoire de Dieppe (1840), très fin.
(Haut. totale : 0.09.)

359. **Ivoire.** Marchand d'habits, debout et criant sa marchandise.
Charmante petite pièce de Dieppe (1830), costume du
temps.
(Haut. 0.08.)

360. **Ivoire.** Petit groupe : deux petits Savoyards, dont l'un joue
de la vielle. Jolie pièce de Dieppe (1820).
(Haut. 0.06.)

361. **Ivoire.** Berger en galant costume, debout. Très petite pièce
en travail de Dieppe moderne.
(Haut. 0.06.)

362. **Ivoire.** Petit groupe : la femme adultère à genoux et voilée,
aux pieds du Christ debout.
Travail moderne de Dieppe.
(Haut. 0.06 × 0.06.)

363. **Ivoire.** Tête de jeune fille, profil à droite, sculptée en camée
de forme ovale. Gracieuse coiffure. Ivoire de Dieppe.
Travail moderne.
(Haut. 0.04.)

364. **Ivoire.** Christ à la colonne, en pied, monté sur un socle
rond : moulures aussi en ivoire.
Travail moderne de Dieppe.
(Haut. totale : 0.15.)

365. **Ivoire.** Paysan conduisant son porc au marché. Groupe en
ivoire de Dieppe (1830).
(Haut. 0.07 × 0.07.)

366. **Ivoire.** Aveugle marchand d'images, conduit par son chien.
Groupe en ivoire de Dieppe (1830).
(Haut. 0.07 × 0.07.)

367. **Ivoire.** Montreur de marmottes, en pied, avec ses accessoires. Travail de Dieppe (1830).
(Haut. 0.07 × 0.07.)

368. **Ivoire.** Dresseur de chiens savants. Groupe en ivoire de
Dieppe (1830).
(Haut. 0.07 × 0.05.)

369. **Ivoires.** Deux très petites statuettes d'homme et femme,
montées en cachets sur métal. Travail de Dieppe.
(Hauteurs totales : 0.06 et 0.05.)

370. **Ivoire.** Sainte Magdeleine pénitente (œuvre de Norest), de
Dieppe.
Bonne pièce, très étudiée, montée sur un socle en ébène.
(Haut. du sujet : 0.07 × 0.05.)

371. **Ivoire.** Médaillon ovale sculpté en fort relief. Tête de bac-
chante couronnée de pampres.
Bonne pièce délicatement fouillée. Signée au dos (Norest).
Travail moderne.
(Diam. 0.06.)

372. **Ivoires.** Bouquetière de Louis XV. Charmante petite sta-
tuette en pied. Travail de Dieppe (1850). Socle en ébène.
— Jardinier. Statuette faisant pendant et de la même main
(1850).
Soit deux pièces.
(Haut. des ivoires : 0.07.)

373. **Ivoire.** Statuette du prince Napoléon (Louis), président de
la République. Petit ivoire de Dieppe (très rare).
— Socle en ébène.
(Haut. totale : 0.10.)

374. **Ivoire.** Colonne de Boulogne-sur-Mer (statuette de Napo-
léon Ier au sommet), avec un thermomètre (centigrade et
Réaumur). Ivoire de Dieppe très fin de moulures.
(Haut. 0.26.)

375. **Ivoire.** Groupe de trois roses épanouies, boutons et feuilles,
fouillé en ronde bosse et ajouré.
Travail moderne de Dieppe.
(Dim. 0.06 × 0.04.)

376. **Ivoire.** Boussole-cadran solaire, de la fabrique de *Mathieu
Berville*, à Dieppe.
Fort jolie pièce du XVIIe siècle, finement gravée, de forme
rectangulaire (0.07 carré).

377. **Ivoire.** Horloge à sable.
Travail moderne de Dieppe.
(Haut. 0.07.)

378. **Ivoire.** Petit flacon sculpté de rangs de perles.
Travail moderne de Dieppe.
(Haut. 0.06.)

379. **Ivoires de Dieppe.** Deux petites coupes sur pied haut. Travail de tour ajouré d'ornements délicatement découpés (1830).
(Haut. 0.11.)

BONBONNIÈRES,
TABATIÈRES ET PETITS BOIS SCULPTÉS

380. **Bonbonnière rectangulaire** en argent, montée à cage, encadrant six sujets à personnages (genre Watteau), peints sur ivoire, avec une sujet intérieur en plus (la boîte est de Louis XIV).
(Long. 0.08 × 0.06.)

381. **Bonbonnière en ivoire** doublée d'écaille. Sur le couvercle un petit bas-relief ovale figure une jeune femme offrant son cœur à l'Amour, qui la couronne (XVIIIe siècle).
(Diam. 0.06.)

382. **Bonbonnière ronde** en racine de buis. Sur le couvercle, une fête flamande, genre Téniers, en bas-relief, exécutée à la presse.
— La doublure en écaille est défectueuse.
(Diam. 0.08.)

383. **Bonbonnière ronde** en ébène à filets d'ivoire. Le couvercle présente un émail peint dans le genre des Swebach, figurant une visite à la nourrice et plusieurs cavaliers. Bonne pièce, en bon état.
(Diam. 0.09.)

384. **Etui en bois et écaille.** Laque, décoré de fleurettes en nacre de burgau et argent (XVIIIe siècle).
Jolie pièce.

385. **Boite ronde en ivoire** sculpté. Le couvercle présente un petit bas-relief, avec enfants dans un encadrement d'acanthes.
Travail de 1820.
(Diam. 0.07.)

386. **Tabatière en noix de coco.** Un personnage assis, sac au dos et une grappe de raisin à la main (caricature).
Travail moderne.

387. **Jolie et fine tabatière** en noix de coco oblongue. Sur le couvercle à charnière figure un cippe surmonté d'une urne funéraire et orné de drapeaux et canons. Le dessous devait présenter un blason avec couronne de marquis et deux dragons ailés pour supports (XVIIIe siècle) .

388. **Tabatière de poche de gilet** en racine de buis à filets et doublure d'écaille (1820).

389. **Tabatière rectangulaire** en racine de buis à filets et doublage en écaille. Le couvercle présente une disposition semblable aux coquillages de Saint-Jacques.
(Long. 0.09 × 0.06.)

390. **Bonbonnière ronde** à double fond en racine de buis, doublée et cerclée d'écaille en très bon état.
(Diam. 0.07.)

391. **Bonbonnière ronde** en racine de buis, doublée et cerclée d'écaille. En très bon état.
(Diam. 0.08.)

392. **Tabatière** pour poche de gilet, en écaille brune de belle qualité, rectangulaire, à charnière (1820).
(Long. 0.09 × 0.05.)

393. **Etui à aiguilles** en noix de coco sculpté : chasse à courre avec six personnages, chiens et animaux, en ronde bosse. Curieux travail (XVIIIe siècle).
(Long. 0.06.)

394. **Bonbonnière Louis XV** en argent entièrement ciselée. Le couvercle présente, en ronde bosse, une scène à plusieurs personnages, dans un encadrement de rinceaux de bon style.
(Long. 0.08.)

395. **Petite bonbonnière** en argent doré, décorée et ciselée d'ornements. Le couvercle à charnière présente deux amours tenant une guirlande de fruits, se détachant d'un écusson central sur un fond de nacre.
(Long. 0.06 × 0.03.)

396. **Petite boîte rectangulaire** en argent, ciselée d'ornements, avec fleurs de pêcher et oiseaux sur le couvercle. Travail chinois ancien.
(Long. 0.08 × 0.05.)

397. **Bonbonnière rectangulaire** formée de deux plaques de cornaline mamelonnée ; dans une monture à charnière en cuivre doré.
Travail moderne.
(Long. 0.07 × 0.05.)

398. **Petite bonbonnière rectangulaire** en argent. Sur le couvercle, à charnière, une plaque d'agate moussue du plus joli effet (xviiie siècle).
(Long. 0.05 × 0.04.)

399. **Tabatière en argent** rectangulaire, entièrement décorée de nieillures sur fond noir (1800).
(Long. 0.08 × 0.06.)

400. **Boîte à bijoux** en cristal, taillé dans un bas-relief circulaire ajouré, représentant des Amours sur des chars traînés par des lions et des nymphes, sacrifiant auprès d'un trépied antique. Couvercle gravé d'ornement concentriques, le tout en cuivre doré, de style empire.
(Diam. 0.09.)

401. **Boîte en racine de buis,** en forme de soupière ancienne.
(Diam. 0.09.)

402. **Tabatière anglaise** rectangulaire, peinte et vernie. Sur le couvercle, à charnière, est peint un combat de chevaliers armés de toute pièce. Le reste de la boîte est ornée d'arabesques, dorée. Jolie pièce romantique (1830).

403. **Boîte à cigares** en cuir bouilli et verni. Sur une des faces est finement peinte une figure de femme en costume Louis XIII, sous le nom de Marion de Lorme.
Jolie fabrication, dite de Brunswick.
(Haut. 0.13.)

404. **Bonbonnière** en cuir bouilli et verni, ronde, dite de Brunswick. Sur le couvercle est peinte une chasse au cerf sous bois. Jolie pièce en bon état.
(Diam. 0.09.)

405. **Tabatière rectangulaire** en cuir bouilli et verni, dite de Brunswick. Sur le couvercle, à charnière, est peinte une femme en costume Louis XIV, figurant Ninon de l'Enclos.
Très fine peinture et boîte en bon état (1820).

406. **Tabatière en bois** sculpté figurant une divinité sous le portique d'un temple.
Ornements sur toutes les faces, d'un art naïf et populaire.
(Long. 0.09.)

407. **Tabatière en bois,** sculptée, art populaire figurant : Moïse et les tables de la loi ; l'entrée du Christ à Jérusalem ; le temple de Salomon ; la constitution française républicaine (an VIII) ; un bonnet phrygien, un niveau, équerre et compas.
Ouverture à secret
(Long. 0.08.)

408. **Tabatière en bois.** Sur le couvercle et deux faces sont sculptés des masques en relief et un poisson.
Travail naïf et fruste.
(Long. 0.08.)

409. **Râpe à tabac Louis XIV** en bois sculpté, une palmette aux deux bouts.
Complète.

410. **Trois boîtes Louis XVI** en ivoire ou écaille. Défectueuses.
(Diam. 0.07.)

ÉVENTAILS DES XVIIᵉ, XVIIIᵉ ET XIXᵉ SIÈCLES

411. **Bel éventail Louis XIV** en ivoire peint et venis sur les deux faces. La face principale figure le banquet des Dieux dans une salle d'une riche architecture. L'autre face montre deux personnages et l'Amour près d'une fontaine ; dans les fonds, un vaste paysage.
La partie inférieure, près du bouton, ainsi que les deux branches principales, sont finement décorées de zones concentriques d'ornements polychromes rehaussés d'or d'une exécution très précieuse. Le vernis, dit vernis Martin, présente rarement des pièces d'un travail aussi achevé. Selon toute probabilité, étant tenu compte de la date approximative de 1720-1725 de l'exécution du sujet lui-même, on peut l'attribuer au maître.
— Bouton et boucle en argent.

412. **Eventail Louis XIV,** avec une jolie monture en ivoire découpée d'ornements ajourés et dorés et d'autres points.
La feuille en papier est peinte d'une scène de l'Evangile : les disciples d'Emaüs rencontrent Jésus sur le chemin.
En bon état.

413. **Eventail Louis XV,** entièrement en ivoire. Le sujet central présente une scène à tro's personnages : un sculpteur modelant le buste d'une jeune femme ; une autre personne assiste à la séance, qui se passe dans un parc à colonnades.
Deux petits paysages animés complètent la décoration. Le tout sur un fond semé de fleurs groupées avec d'autres petits sujets de chasse. Cet ensemble, très finement peint à la gouache, est frais de couleur, rehaussé d'or et bien conservé.
Sur l'autre face, les mêmes compositions sont reproduites au trait. Les deux branches principales sont sculptées de deux personnages en pied et de petits coquillages coloriés.
Belle pièce en bon état.

414. **Eventail Louis XVI.** La feuille en soie, se termine par une
large bordure en dentelle décorée d'ornements en paillettes dorées, répétés sur chaque branche. Monture en
ivoire repercée à jour. En bon état.

415. **Eventail Louis XVI** en écaille blonde, dont toutes les branches sont ajourées d'un ornement et quelques-unes peintes
de fleurs de myosotis.
Les branches sont reliées par un ruban ; un rang de demi-
perles en émail bleu borde les deux branches principales.
Bonne pièce ancienne en bon état.

416. **Bel éventail Louis XVI,** dont la monture en ivoire présente
une décoration ajourée, argentée, dorée, délicatement travaillée. Les deux branches principales sont sculptées à
jour de trophées de musique, d'une colombe argentée cou-
ronnant un cœur sur l'autel de l'Amour. Le tout, doré à
deux tons.
La feuille en soie offre un sujet central, joli spécimen des
galanteries du temps. Un couple et deux enfants richement vêtus, auprès d'un autel flamboyant, et l'Amour dans
un nuage, le tout dans un paysage. Deux trophées d'attributs achèvent la décoration de cette remarquable pièce,
au milieu d'un semis de fleurettes rehaussées d'or dans des
encadrements de broderies à paillettes de toutes couleurs.
Le revers offre le trait des encadrements des trois sujets
principaux.
Belle conservation.

417. **Eventail Louis XVI** s'ouvrant en soleil, au centre duquel est
une petite lunette.
Tout en écaille blonde, découpé d'ornements, gravé, argenté,
doré et incrusté de paillettes.
Jolie pièce ancienne en bon état.

418. **Eventail de l'époque révolutionnaire « la pompe funèbre du
clergé de France** décédé à l'Assemblée nationale le 2 novem-
bre 1789. » Un des plus curieux et des plus rares spéci-
mens du genre.
Gravure imprimée sur papier et coloriée, figurant un char
funèbre conduit par la Mort, dans lequel se trouvent de
nombreux membres du clergé, entourés d'autres personnages.
Un texte gravé au dos donne l'explication satirique très
explicite, et dans le style du temps de cette curieuse pièce.
MM. Maze-Sensier et Sp. Blondel, dans leurs recherches sur
les éventails, signalent celui-ci pour sa rareté, et ne citent
qu'un exemplaire dans la collection de M. Bezançonnot.
Celui-ci est en très bel état, avec sa monture en palissandre
à filets d'ivoire et surtout sa bordure verte en frange de
soie.

419. **Eventail empire.** La feuille, en peau de poule est peinte d'Amours enflammant des cœurs et autres motifs à l'aquarelle dans trois scènes séparées par des montants d'ornements.
— Autre sujet peint au revers.
Monture en ivoire incrustée d'argent.

420. **Eventail** (1830). Monture en ivoire ajourée d'ornements, gravée, argentée et dorée. La feuille, en soie coloriée sur trait noir, offre un sujet galant : un berger présente à trois bergères un oiseau qu'il porte dans une cage.

421. **Petit éventail** en ivoire ajouré d'ornements découpés présentant dans son développement 4 sujets différents, finement gouachés en couleur (1820).

422. **Ancien éventail chinois** monté sur branches en roseau : plusieurs personnages s'occupent sous la direction d'un génie.
Très curieuse scène peinte à l'aquarelle, d'un beau dessin (signature), manque de conservation.

423. **Eventail chinois** monté sur branches en bois de santal, découpées à jour. Les deux branches principales sont sculptées en bas-relief de scènes familières. La feuille est richement coloriée et animée de nombreux personnages vêtus de soieries et dont les têtes en ivoire peint sont rapportées. Ceci sur les deux faces.
Travail moderne.

6e VACATION : *Le Mardi 7 Décembre,*
à 8 heures du soir.

ÉMAUX FRANÇAIS ET ITALIENS DU XVIe AU XIXe SIÈCLE
ÉMAUX DE SAXE

424. **Email limousin** du commencement du xvie siècle. Le Christ en croix entre les deux larrons.
Au pied de la croix, les saintes femmes et les disciples. Email translucide sur cuivre, sauf les chairs. Pièce de bonne époque, importante, d'un beau sentiment religieux. Quelques restaurations.
(Haut. 0.22 × 0.16.)

425. **Email peint.** Jésus Christus Salvator mundi. En buste profil à gauche. Très belle tête, d'un grand caractère, dans un encadrement architectural.
Travail italien du xvi° siècle, polychrome, mais très sobrement coloré.
Restaurations aux angles, cadre bois noir.
(Haut. du sujet : 0.13 × 0.10.)

426. **Email peint.** Tête de Christ nimbée d'or, polychrome, sur un fond bleu noir étoilé d'or. Bonne pièce italienne du xvie siècle, d'un beau caractère, mais incomplète dans la partie inférieure.
Cadre noir moderne.
(Haut. du sujet : 0.07 × 0.05.)

427. **Email peint.** Saint Etienne diacre et martyr, portant les instruments de son supplice.
Très belle pièce rectangulaire polychrome, sur fond noir, le tout rehaussé d'or.
Travail italien de la fin du xvie siècle. Petites restaurations aux angles. Cadre en chêne ancien.
(Haut. du sujet : 0.10 × 0.08.)

428. **Email peint.** Coupe ronde, dont l'intérieur est peint de rinceaux polychromes sur fond blanc, avec un médaillon central d'empereur romain sur fond noir.
L'extérieur est décoré d'arabesques sur fond noir du meilleur style.
Pièce italienne de la fin du xvie siècle. Ecaillure au bord de la coupe.

429. **Email peint.** Christ en roseau. Email polychrome sur fond noir rehaussé d'or. Bonne pièce italienne du xviie siècle.
Cadre bois moderne.
(Haut. du sujet : 0.09 × 0.07.)

430. **Email peint.** Mater amabilis. Email polychrome ovale, sur fond noir bleu, rehaussé d'or, avec ornements en relief blanc aux angles. Jolie pièce signée au contre-émail : P. Nouaillier, émailleur à Limoges (xviie siècle). Cadre noir.
(Haut. du sujet : 0.12 × 0.10.)

431. **Email peint.** Vierge de douleur. Bonne pièce polychrome sur fond bleu noir et rehaussée d'or avec ornements en relief blanc aux angles. Fabriques limousines du xviie siècle.
Quelques petites restaurations.
(Haut. 0.16 × 0.12.)

432. **Email peint.** Le Christ au roseau. Bonne pièce polychrome
sur fond noir bleu et rehaussée d'or, avec ornements en relief blancs aux angles. Fabrique limousine du xviie siècle.
Quelques restaurations.
(Haut. 0.16 × 0.12.)

433. **Email peint.** Bénitier ovale. Sainte famille, peinte sur fond
noir bleu en émaux polychrome rehaussés d'or.
Au fronton, le saint Esprit, sous la forme d'une colombe ; le
tout entouré d'une bordure de rinceaux en relief blancs.
Bonne pièce importante de fabrique limousine du xviie siècle. Restauration dans la bordure.
(Haut. totale : 0.27.)

434. **Email peint.** Saint Antoine ermite. Email polychrome sur
fond noir bleu rehaussé d'or. Le sujet octogone, avec des
ornements blancs en relief aux angles. Ces ornements sont
fortement restaurés.
Bonne pièce limousine du xviie siècle, avec le nom de Bap-
tiste Nouailler.
(Haut. du sujet : 0.16 × 0.13.)

435. **Email peint.** Saint Nicolas. Email ovale polychrome, sur
fond noir bleu rehaussé d'or, avec ornements en relief
blancs aux angles.
Bonne pièce des fabriques de Limoges (xviie siècle). Quelques écaillures aux angles.
(Haut. du sujet : 0.14 × 0.11.)

436. **Email peint.** La Vierge assise, tenant l'enfant Jésus sur ses
genoux. Belle pièce polychrome, rehaussée d'or, sur un
fond noir bleu profond, octogone, avec une bordure de
rinceaux en relief blancs. Quelques petites restaurations
et une écaillure dans la bordure. Signée au contre-émail :
J. Laudin, aux fauxbourgs de Manigne, à Limoges (xvii^e
siècle).
(Haut. 0.22 × 0.19.)

437. **Email peint.** Saint Jean de la Croix : émail ovale polychrome. Figure et paysage sur fond blanc, avec ornements
en relief, blanc aux angles ; le tout rehaussé d'or.
Quelques écaillures aux angles.
(Haut. du sujet : 0.13 × 0.10.)

438. **Flacon en émaux vénitiens** de toute couleur, en forme de
gourde à long col.
Pièce ancienne.
(Haut. 0.10.)

439. **Petit émail** ovale peint, figurant les noces de Cana. Jolies colorations. Travail italien du xviiie siècle.
(Larg. 0.04.)

440. **Petit émail ovale** peint. La Vierge et l'enfant Jésus debout sur ses genoux.
Travail italien de la fin du xviiie siècle.
(Haut. 0.05.)

441. **Bijou pendentif** (Louis XVI). Petit émail rond, peint d'une jolie tête de femme dans un encadrement ovale suspendu à un nœud, en acier, décoré de têtes de clous à facettes et rivées.

(Haut. 0.06.)

442. **Email peint** de forme ovale, en largeur : Vénus à la pomme, déesse des vergers, assise. L'Amour est près d'elle. Deux autres amours lui apportent une corbeille de fruits.
Très jolie pièce en bon état, dans une bordure de cuivre doré (xviiie siècle).
(Long. 0.11.)

443. **Coffret à bijoux** à 5 tiroirs, fermant par deux portes, surmonté d'une boîte, fermant à charnières. Jolie pièce comportant 6 plaques peintes sur émail : sujets à personnages mythologiques en costumes antiques d'un bon dessin et d'une jolie coloration.
D'autres émaux aux angles supportant des petits vases en porcelaine peinte, le tout réuni dans une monture en cuivre doré.
Fin du xviiie siècle.
(Haut. 0.18 × 0.10 × 0.09.)

444. **Reliquaire ovale**, à bélière, en argent, s'ouvrant à charnière, orné de deux plaques d'émail, dont l'une avec armoiries du personnage représenté sur l'autre.
Ecaillure sur un des émaux.
(Diam. 0.04.)

445. **Petite plaque d'émail** rectangulaire, sur fond noir, un couple jeune et charmant en pied. Costumes du xvie siècle. Emaux translucides colorés sur paillons. Chairs peintes sur émail, le tout rehaussé d'or.
Travail moderne.
Petite écaillure, cadre bois guilloché.
(Haut. 0.06 × 0.04.)

446. **Plaque d'émail** peint, rectangulaire. Dragon ailé et papillon dans des branchages. Jolie coloration sur fond bleu turquoise. Style chinois.
Travail moderne.
(Long. 0.10 × 0.06.)

447. **Email peint,** moderne. Les Iris, allégorie florale, avec un
charmant profil de jeune fille. Bonne coloration (signée
A. Wert).
Jolie pièce, en bon état, dans une bordure de forme oblongue
en cuivre doré.
(Long. 0.11 x 0.06.)

448. **Broche** encadrant un **émail peint** ovale, où figurent trois
personnages, d'après Watteau. Monture en argent doré,
pierres fines et perles.
Travail moderne.
(Haut. 0.07.)

449. **Cinq petits émaux** ovales, peints pour la bijouterie. Petits
sujets Louis XV, d'une jolie coloration.

450. **Deux médaillons** ovales. **Emaux sur cuivre :** Vierge, d'après
Murillo et l'Adoration des Mages, d'après Rubens, soit
deux pièces pour broche.
• Travail moderne.

451. **Trois plaques émaillées** rectangulaires : sujets à personnages, pour la bijouterie.
Travail moderne.

452. **Deux petits émaux peints** ovales : têtes de femmes, pour
bijoux, en coiffure du xviiie siècle.

453. **Neuf petits émaux** peints, ovales : petits sujets, d'après les
maîtres du xviiie siècle.
Travail moderne.

454. **Petite plaque** rectangulaire, émaillée sur or : deux figures
égyptiennes moderne. Incomplète.
(Haut. 0.03 x 0.02.)

455. **Bonbonnière** oblongue, en porcelaine de Saxe, à sujet pas-
toral, d'après Watteau.
— **Bonbonnière** ronde en poudre d'écaille, propre à mettre
une miniature.
— **Fragment en ivoire** (manche d'un outil), repercé à jour
et de jolie forme.
(Long. 0.06.)

456. **Petite bonbonnière** ancienne, oblongue, en **émail de Saxe**
vert, uni, avec marine sur le couvercle. Jolie pièce (xviiie
siècle).
(Larg. 0.05 x 0.03.)

457. **Petite corbeille** ajourée en quadrillage : **émail de Saxe** sur
cuivre de forme oblongue, lobée et peinte sur le fond de
trois cartes à jouer, fleurettes, etc. Petite restauration.
Jolie pièce du xviiie siècle.
(Larg. 0.09.)

MINIATURES DU XVIᵉ AU XIXᵉ SIÈCLE
MINIATURES PERSANES

458. **Miniature ovale sur vélin,** découpée dans une *lettrine de manuscrit:* la naissance de la Vierge. Bonne pièce de la fin du xvᵉ siècle.
— Costumes intéressants.
(Haut. 0.07 × 0.05) sous verre et dans un petit cadre en ébène.

459. **Miniature ovale** sur cuivre. Portrait de femme (haute fraise tuyautée), coiffure avec bandeau de bijoux d'or. Dans un cadre en fer ciselé d'ornements. Jolie pièce du xviᵉ siècle.
(Diam. total : 0.08.)

460. **Partie centrale d'un triptyque** peint (cintré par le haut). Le Christ, descendu de la croix, est étendu sur les genoux de la Vierge de douleurs.
Travail italien du xviᵉ siècle, d'une assez bonne conservation.
— Cadre partie en ébène.
(Haut. 0.10 × 0.08.)

461. **Portrait d'homme** sur plaque d'argent. Peinture à l'huile du xviiᵉ siècle.
Belle pièce ovale, véritable œuvre d'art, sous verre, dans un cadre empire doré.
(Haut. du portrait : 0.10 × 0.07.)

462. **Miniature ovale** peinte à l'huile sur argent. Portrait de femme Louis XIV, avec perles dans la coiffure et au corsage. Bonne pièce bien conservée, dans un cadre du temps sculpté et doré.
(Haut. totale : 0.18.) — (Portrait : 0.09.)

463. **Miniature** ovale, peinte à l'huile sur cuivre. Portrait de jeune femme, haute coiffure, collier de perles, dentelles et bijoux au corsage. Le pourtour du cuivre légèrement endommagé (xviiᵉ siècle).
(Diam. 0.07.)

464. **Miniature** ovale, peinte à l'huile sur cuivre. Portrait de jeune femme, haute coiffure, ornée de perles et bijoux. Corsage en pointe avec bijoux et dentelles. Petit manteau d'hermine. Très jolie pièce du xviiᵉ siècle. Restaurée.
(Haut. 0.09.)

465. **Miniature** rectangulaire peinte à l'huile sur cuivre. Portrait
d'homme, large fraise tuyautée (xviie siècle). Jolie pièce
en bon état.
(Dim. 0.07 × 0.06.)

466. **Peinture ovale sur cuivre.** Portrait d'homme du xviie siècle, à grande perruque et cravates de dentelle.
Miniature peinte à l'huile. Bonne pièce sous verre dans un
cadre Louis XIV doré moderne.
(Dim. du cuivre : larg. 0.10 × 0.08.)

467. **Peinture ovale sur cuivre.** Portrait de jeune femme du
xviie siècle en buste, la tête appuyée sur une de ses mains
et peinte avec les attributs de Flore.
Coiffure du temps, **miniature peinte a l'huile,** cadre de style
Louis XIV moderne.
(Dim. du cuivre : larg. 0.10X0.08.)

468. **Partie droite d'une feuille d'éventail Louis XIV** à personnages (jeux d'enfants), gouachée et bordure dorée.
Sous verre.

469. **Miniature ovale** peinte à l'huile sur cuivre. Tête d'homme
au front chauve, largement peinte. Malheureusement, rognée de trop près (xviiie siècle).
(Diam. 0.06.)

470. **Miniature** ovale ancienne peinte à l'huile sur argent. Portrait de femme en coiffure Louis XV, vêtue d'un costume
religieux de capucine.
Cadre bois doré du temps. Jolie pièce avec quelques restaurations.
(Haut. 0.07.)

471. **Dessus de boite** rectangulaire en **miniature,** sur ivoire, et
verni. Sujet galant.
Travail hollandais du xviie siècle, dans petit cadre en cuivre, moderne.
(Long. 0.07 × 0.05.)

472. **Miniature ovale,** peinte à l'huile sur cuivre. Portrait d'homme à fraise tuyautée (xviie siècle).
(Diam. 0.08.)

473. **Saint Bruno.** Portrait miniature ovale, peint sur cuivre à
l'huile (Ecole de Lesueur). Le saint, à mi-corps, lève les
yeux au ciel. Il tient un livre dans les mains.
Bonne pièce de la fin du xviie siècle, dans un cadre ancien
Louis XIV, en bois sculpté et doré à neuf.
(Haut. 0.09 × 0.07.)

474. **Miniature** rectangulaire, peinte sur vélin. Portrait de femme Louis XIV, avec un petit chien sur ses genoux. Un jeune domestique présente un plateau.
Sous verre. Cadre bois doré du temps.
(Larg. 0.09 × 0.06.)

475. **Miniature ovale.** Portrait de jeune femme, peint à l'huile sur cuivre. Coiffure Louis XV. Robe décoletée bordée de dentelles.
Bonne pièce très bien peinte. Cadre en bois doré de l'époque.
(Haut. 0.09.)

476. **Miniature** ovale, peinte à l'huile sur écaille brune : Sainte Anne (xviiie siècle).
(Haut. 0.06.)

477. **Miniature** rectangulaire. Portrait de jeune femme (1800). Jolie et harmonieuse coloration (signée Duker, *pentado en Madrid, 1801, Edad, 23*), sous verre.
— Écrin en Galuchat vert.

478. **Miniature** ovale. Portrait d'homme âgé. Très bonne pièce signée de Carrier (1825) (élève de Gros, Prudhon et Saint), sous verre doré du temps.
(Haut. 0.08.)

479. **Peinture sur cuivre** : 4 personnages assis dans la campagne. Groupe galant dans le genre de *Lancret*. Dessus de boîte rectangulaire peint et verni (xixe siècle), sous verre. Cadre bois.
(Long. 0.07 × 0.055.)

480. **Deux broches**, carrée et ovale, peintes de paysages sous verre. Bordure en cuivre doré.
Travail moderne.

481. **Miniature persane.** Deux personnages richement vêtus, nus à mi-corps ; dans le fond, un paysage, aquarelle gouachée peinte sur ivoire.
Sous verre. Cadre noir. Travail du xviiie siècle.
(Long. 0.14 × 0.08.)

482. **Miniature persane.** Femme assise, richement vêtue, avec un voile lui couvrant une partie de la tête. Aquarelle gouachée, peinte sur ivoire.
Travail du xviiie siècle. Sous verre. Cadre noir.
(Haut. 0.10 × 0.07.)

PEINTURES, GOUACHES, AQUARELLES, GRAVURES

483. Peinture sur cuivre. Portrait de femme à mi-corps, coiffure et costume Louis XIV et attributs de la déesse des moissons.
Cadre ancien à moulures guillochées. Travail du xviie siècle.
(Haut. du cuivre : 0.15 × 0.12.)

484. Peinture sur cuivre. Vases de fleurs. Bonne peinture à l'huile, d'une riche coloration, attribuée à *Monnoyer* (xviie siècle).
— Sans cadre.
(Larg. 0.28 × 0.18.)

485. Peinture ovale sur cuivre. Le berger David, vainqueur de Goliath, auquel il a coupé la tête, tient sa fronde à deux mains. Ce sujet est entouré d'une couronne de fleurs de la plus riche coloration.
Peinture à l'huile du xviiie siècle. Travail italien. Cadre doré moderne.
(Haut. du cuivre : 0.20 × 0.15.)

486. Portrait de femme (xvie siècle). Petite peinture sur panneau. Coiffure ornée de bijoux. Col à fraise, manteau d'hermine. Ecole flamande.
Panneau fendu.
(Haut. 0.17 × 0.13.)

487. Peinture sur marbre. Jésus portant sa croix. Peinture à l'huile se détachant sur le fond blanc du marbre.
Travail italien du xviie siècle. Restauré.
(Haut. 0.12 × 0.11.)

488. Paysage : aquateinte noire, relevée d'aquarelle et de gouache (xviiie siècle). Sous verre. Jolie pièce.
(Haut. 0.21 × 0.17.)

489. Petit paysage dans le genre de *Joseph Vernet :* cascades, rochers et groupes de personnages. Gouache sur un fond de pointillé (xviiie siècle).
Sous verre. Cadre noir.
(Larg. 0.08 × 0.05.)

490. Peinture à la gouache sur plaque d'ardoise. Danse champêtre : deux danseurs en costume Watteau, joueur de vielle et fillette, tenant un petit chien, assise sur l'herbe (xviiie siècle).
Sous verre. Baguette dorée du temps.
(Larg. 0.22 × 0.16.)

491. **Aquarelle italienne** (xviiie siècle). Paysage montagneux animé de nombreux personnages et animaux traversant un gué. Charmant dessin à la plume, rehaussé d'aquarelle.
Sous verre. Cadre Louis XIV, ancien, en bois sculpté et doré.
(Long. 0.22 × 0.15.)

492. **Gouache** du xviiie siècle. Sujet galant. Berger et bergère assis sur le bord d'une source.
Bonne pièce très fraîche. Bien conservée. Sous verre. Cadre de style Louis XIV.
(Dim. 0.11 × 0.12.)

493. **Peinture sur verre.** Le Christ élevé en croix. Scène à nombreux personnages. Bon dessin, bonnes colorations.
Travail du xviiie siècle, en bon état. Cadre en bois à filets de même époque.
(Larg. 0.37 × 0.29.)

494. **Peinture sur verre.** La transfiguration : scène à 6 personnages d'un bon dessin et bonne coloration.
Travail du xviiie siècle dans un cadre du temps en bois à filets.
(Haut. 0.37 × 0.29.)

495. **Peinture sur verre.** Conversation galante : deux personnages en costume Watteau. Jolie pièce ancienne (xviiie siècle). Bonne couleur et jolie exécution. Cadre doré de l'époque.
(Larg. 0.25 × 0.19.)

496. **Petite maquette** peinte à l'huile. Nymphe et Amours ébauchée en grisaille, et groupe de. fleurs (attribuée à Saint-Jean). Sous verre. Cadre doré.
(Long. 0.16 × 0.12.)

497. **A. Bail, 1850** (signé), scène vénitienne : aquarelle sous verre.
(Haut. 0.20 × 0.14.)

498. **Ecole française moderne.** Petit paysage peint sur bois.
(Haut. 0.13 × 0.09.)

499. **Ecole française moderne.** Baigneuse. Jolie petite peinture sur bois.
(Larg. 0.13 × 0.09.)

500. **Gravure.** Marche du roi, accompagné de ses gardes, se rendant au palais.
Très grande pièce en largeur, dans son cadre du temps en bois sculpté et doré.
Manque de conservation.
(Long. 1.05 × 0.55.)

501. Eau-forte de Rembrandt. Le Juif au grand bonnet. Epreuve ancienne à petites marges, sous verre. Cadre noir guilloché ancien.

502. Rembrandt (eau-forte, 1639). Portrait de Rembrandt, 2e état. Un des plus beaux des eaux-fortes de cette classe. La signature et la date qui doivent se trouver à l'angle gauche supérieur ont disparu, car cette très bonne épreuve a été coupée en rond. Sous verre.

503. Rembrandt (eau-forte, 1635). Wtenbogardus, ministre de hollande. Cette très bonne épreuve doit être du 2e état, mais ayant été coupée à l'ovale, aucune vérification matérielle n'est possible.
Elle est remontée dans un encadrement dessiné à la plume. Sous verre.

CADRES EN BOIS PETITS OU GRANDS BOIS SCULPTÉ POUR MEUBLES

504. Cadre en bois noir, carré, avec bordure intérieure en cuivre doré (1810).
(Jour: 0.13 × 0.15.)
Avec l'adresse de Hoeth, marchand de tableaux à Lyon à cette époque.

505. Quatre petits cadres anciens Louis XIV et Louis XVI, en bois, sculptés et dorés. Incomplets.

506. Lot de six petits cadres en bois, modernes.

507. Trois petits cadres, plaqués pour miniatures.

508. Quatre petits cadres modernes, noir ou or.

509. Petit cadre octogone Louis XIII, en noyer verni et moulures guillochées.
(Haut. 0.18 × 0.22.)

510. Petit cadre Louis XIII ancien, à moulures guillochées, le tout en poirier noirci.
(Jour: 0.14 × 0.11.)
(Haut. 0.27 × 0.24.)

511. Petit cadre à miniature carré à moulures droites en ébène.
— **Cadre rond** à miniature en bois noir.
— **Autre cadre ovale** en cuivre.
— **Entrée de serrure** en fer découpé, moderne.
Soit quatre pièces.

7e VACATION : *Le Mercredi 8 Décembre,*
à 8 heures du soir.

OBJETS D'ART EN BRONZE OU CUIVRE DORÉ
DU XVIe AU XIXe SIÈCLE
STATUETTES, PLAQUETTES, BAS-RELIEF,
ETC.

512. **Bronze doré.** Statuette de vierge couronnée et vêtue d'un long manteau, en pied, sur une console ciselée.
Pièce d'applique du xve siècle.
(Haut. 0.13.)

513. **Plaquette florentine** rectangulaire en hauteur, en bronze doré : la mise du Christ au tombeau de Riccio, à trois personnages à mi-corps.
Très belle pièce du commencement du xvie siècle.
(Haut. 0.09 × 0.07.)

514. **Plaquette** en bronze (d'après la Vierge au poisson de Raphaël), carrée, fondue, ciselée et dorée. Très jolie pièce de la fin du xvie siècle italien.
Dans un cadre en palissandre guilloché, orné d'un cuivre Louis XIII à tête d'ange.
(Haut. 0.10 × 0.09.)

515. **Plaquette bronze,** fondu et ciselé : le Baiser de Judas. Bas-relief rectangulaire à nombreux personnages. Les soldats d'Hérode s'emparent du Christ.
Travail italien du xvie siècle.
(Long. 0.21 × 0.11.)

516. **Très petit bronze.** Statuette de Mercure, dorée, montée sur un socle en granit vert.
Incomplète du caducée (xvie siècle).
(Haut. totale : 0.13.)

517. **Bronze.** Manche de couteau figurant un trophée d'arme.
Jolie pièce du xvie siècle.

518. **Petit buste d'homme** en bronze (xvie siècle). Base en marbre.
(Haut. 0.10.)

519. **Deux cuillères** en laiton, à manche orné (xvɪᵉ siècle).

520. **Plaquette bronze** fondu et ciselé. Bacchanale d'enfants à huit personnages. Bas-relief rectangulaire du xvɪɪᵉ siècle.
(Long. 0.16 × 0.10.)

521. **Bas-relief en cuivre repoussé** et ciselé : le Baiser de Judas. Les soldats d'Hérode saisissent le Christ. Saint Pierre coupe l'oreille à l'un d'eux.
Plaquette rectangulaire à nombreux personnages (xvɪɪᵉ siècle).
(Long. 0.22 × 0.10.)

522. **Bas-relief en cuivre repoussé** et ciselé. Jésus au jardin des oliviers. Les disciples sont endormis.
Plaquette rectangulaire à quatre personnages (xvɪɪᵉ siècle).
(Long. 0.22 × 0.10.)

523. **Petit triptyque** en laiton de style byzantin, fermant à volets. Pièce ancienne.
(Larg. 0.10 × 0.07.)

524. **Boëte** ou **tronc** de plan hexagonal en bronze, orné de pilastres aux angles, de guirlandes de fleurs et de feuilles d'acanthe.
Au couvercle, anse mobile dans deux têtes d'anges. Deux serrures avec jolies clefs en fer. Les faces de cette jolie et curieuse pièce portent, gravée, l'inscription : Bouette du maître Vannie (*sic*) : un saint Antoine et une corbeille de fleurs. Fin du xvɪᵉ siècle.
(Haut. 0.14 × 0.10.)
(Un filet à mailles de fer fixé à l'ouverture du tronc conduit les offrandes au fond de la boite.)

525. **Petit bronze.** Buste de Voltaire sur socle de métal. Jolie petite pièce finement ciselée, contemporaine du personnage.
(Haut. totale : 0.09.)

526. **Plaque en cuivre doré** repoussée et découpée à jour. La Salutation angélique : la Vierge et l'Ange agenouillés ; l'esprit saint et un chœur d'anges.
Bonne pièce du commencement du xvɪɪɪᵉ siècle, quelque peu rognée en haut et en bas. Cadre bois noir.
(Haut. du cuivre : 0.13 × 0.11.)

527. **Bronze doré.** Tête de femme avec un voile sur la tête. Pièce d'applique largement modelée (xvɪɪɪᵉ siècle), montée sur un fond de peluche grenat.
(Haut. 0.08 × 0.07.)

528. **Châtelaine à crochet** en cuivre gravé, ciselé et doré, avec
personnages et attributs de musique et ornements découpés à jour, avec trois pendeloques sur cinq.
Bonne pièce Louis XIV.

529. **Châtelaine à crochet,** en cuivre gravé, ciselé et doré. ornements figurant des fleurs stylisées, avec deux pendeloques
sur trois.
Bonne pièce Louis XIV.

530. **Châtelaine à crochet,** en cuivre gravé, ciselé et doré. La
décoration se compose de cinq médaillons ovales, gravés
d'attributs de jardinage en trophées, encadrés d'ornements ajourés du bon style Louis XVI.
Une pendeloque sur trois.

531. **Châtelaine à crochet,** en cuivre gravé, ciselé et doré. La
décoration se compose de quatre médaillons, de jolie forme,
avec sujets à petits amours en fort relief, encadrés d'ornements Louis XV de bon style. Jolie pièce complète, avec
trois pendeloques.

532. **Petite boite à parfum** de poche, octogone, en argent, se fermant à charnière (Louis XVI).
(Haut. 0.03.)

533. **Médaillon ovale** à bélière, dans lequel figure un soleil au
centre duquel une couronne de chêne émaillée en vert sur
fond bleu, avec les mots : la loi en lettres d'or.
Pièce à deux faces identiques Louis XVI, en cuivre doré et
bien ciselé.
(Haut. 0.05.)

534. **Petit coffret** rectangulaire, dont toutes les faces sont découpées à jour. Le système de fermeture présente à l'intérieur quatre pennes fonctionnant simultanément ; le tout
en cuivre doré.
Pièce ancienne.
(Long. 0.07 × 0.05.)

535. **Coq battant des ailes.** Petite pièce ancienne en cuivre, largement modelée, montée sur un socle en bois noir (xviiie
siècle).
(Haut. 0.08.)

536. **Série de poids** anciens en cuivre, dans leur boite de même
métal, gravée d'ornements (xviie siècle).

537. **Croix à double branche** en cuivre fondu et ciselé (reliquaire). Sur une face, le Christ en croix. L'autre face, un prêtre disant la messe et autres emblêmes eucharistiques. Le tout suspendu à une bélière.
Travail espagnol du xviiᵉ siècle (incomplet).
(Haut. 0.19.)

538. **Bronze doré.** Petit Christ en croix finement ciselé, se détachant sur une gloire de rayons. La croix est absente (xviiᵉ siècle).
(Haut. 0.14.)

539. **Deux petits bronzes modernes.** Types militaires du second empire en pied, très finement ciselés, montés en cachet. Patine médaille (incomplets).
(Haut. 0.11.)
Ce numéro pourra se diviser.

540. **Groupe en bronze moderne.** Petit Italien faisant danser un singe. Très jolie petite pièce (1830), finement ciselée.
(Haut. 0.11.)

541. **Petit bronze.** Statuette du maréchal Suchet (Lyonnais), montée sur socle. Jolie pièce ancienne finement ciselée.
(Haut. 0.08.) — (Haut. totale: 0.13.)

542. **Bronze doré.** Statuette de Napoléon Iᵉʳ, en pied, montée sur un socle en bois noirci.
Jolie pièce finement ciselée, signée *A. Barré*, et datée de 1840.
(Haut. du bronze: 0.15.)
(Haut. totale: 0.19.)

543. **Bronze moderne.** Petit groupe: le roi Jean à la bataille de Poitiers, en bronze argenté, monté sur un socle en marbre rouge.
(Haut. 0.14.)

544. **Statuette bronze.** Le Réveil (signée Garnier).
Travail moderne.
(Haut. 0.28.)

545. **Petite statuette en bronze.** Femme debout, quittant sa chemise. Type romantique de 1830.
— Socle en cuivre, carré.
(Haut. totale: 0.18.)

546. **Anneau cabalistique,** avec un masque de démon en cuivre fondu et ciselé.
— **Crâne d'un animal** en bronze fondu. Très petite pièce.
Soit deux pièces anciennes.

547. **Deux petits encadrements ovales en bronze doré Louis XV**
(pour miniature), dorés et ciselés de jolis ornements.

548. **Petit bronze.** Très petite statuette de Napoléon Ier en pied.
Travail ancien. Socle en bois noirci.
(Haut. totale : 0.13.)

549. **Veilleuse en bronze** (1810), en forme de trépied antique.
Très jolie pièce finement ciselée.
(Haut. 0.14.)

550. **Paire de sphynx** ou dragons ailés en bronze fondu et ciselé,
montés sur socles en bois noir. Deux pièces d'applique
pour meuble (Empire).
(Haut. 0.10.)

551. **Petite statuette en bronze.** Le dieu Pan, en pied, formant
cachet à main.
(Haut. 0.08.)

552. **Bronze doré.** Petit cadre à miniature, rectangulaire, à
fronton, et monté à chevalet.
Style Louis XVI moderne.

553. **Manche de poignard** en cuivre fondu et ciselé, figurant un
combat d'hommes d'armes, au pied d'une tour crénelée.
Costumes du xvie siècle.
(Haut. 0.06.)

554. **Petite statuette** en bronze pour cachet.
— **Bas-relief estampé** en cuivre : Bergerade de style
Louis XV (1820).
— **Médaille** de Cl. Martin.
Soit trois pièces.

555. **Poignard en fer** ancien, très fruste et incomplet.
— **Statuette en bronze,** surmoulage sur une très belle anti-
que.
(Haut. du bronze : 0.12.)

556. **Petit encadrement** à fronton en cuivre fondu et doré. Ornements de style Louis XIII repercés à jour. Surmoulage
d'une jolie pièce ancienne.
(Haut. 0.11 × 0.07.)

557. **Encrier** en bronze argenté. Tête caricaturale de travail
moderne.
(Haut. 0.08.)

558. **Médaillon ovale** en cuivre doré, obtenu par estampage ou
par la galvanoplastie. Sujet mythologique dans un entou-
rage d'ornements.
(Dim. 0.08 × 0.06.)

559. **Aigle à deux têtes** tenant la foudre dans ses serres (absente), suspendu à une couronne impériale, fermée, le tout en cuivre.

560. **Cerf en bronze,** auquel il manque les bois. Fonte ancienne. Socle en bois.
(Haut. 0.05 × 0.06.)

561. **Cachet en cuivre** argenté. Enfant assis, portant un coquillage à son oreille.
Travail moderne.
(Haut. 0.06.)

562. **Bénitier en cuivre.** Style Louis XIV. (Haut. 0.32.)
— **Cadre ovale** en cuivre. (Jour : 0.15.)

563. **Chariot à bouteille,** pour la table, en métal argenté. Fracturé.
Travail moderne.

564. **Presse-papier** à base ovale, sur laquelle est agenouillé un personnage à coiffure égyptienne antique; le tout en bronze.
Travail moderne.
(Base : 0.09 ; haut : 0.11.)

565. **Triptyque du rite grec** ouvrant, en cuivre fondu, ciselé sur fonds émaillés dans le style byzantin primitif.
(Ouvert : 0.37 × 0.13.)

VERRERIE ET CRISTAUX

566. **Verrerie vénitienne.** Statuette de saint Roch, pèlerin en verre filé et émaux de couleur. Petite pièce légèrement fracturée (xviie siècle).
(Haut. 0.09.)

567. **Verre à boire,** à anse et sous-coupe en cristal taillé, doré et peint, en fleurs émaillées de diverses couleurs.
Travail vénitien du xviiie siècle).

568. **Verre de Bohême** à pied, gravé à la meule d'ornements Louis XV, avec sujets de chasse.
Fin travail du xviiie siècle.
(Haut. 0.14.)

569. **Flacon en verre** incolore en forme d'oiseau, avec orifice au bec et ouverture sur le dos, fermée d'une vis en étain.
Verrerie normande du xviiie siècle.
(Long. 0.23.)

MARBRE ET ALBATRE DUR SCULPTÉ

570. **Marbre,** signé : Adam Tadoline, célèbre statuaire, né à Bologne en 1789. Buste de Charles Albert, roi de Sardaigne (1798-1849) demi-nature.
Beau marbre original.
(Haut. 0.43.)

571. **Buste en marbre.** Portrait de femme (demi-nature), coiffée à la romaine. Jolie pièce du xviie siècle et de travail italien. Recollée au coin.
(Haut. 0.44.)

572. **Albâtre.** Statuette de femme nue, couchée sur une peau de lion. Coiffure à l'antique. Jolie pièce.
Travail italien du commencement du xixe siècle. Socle bois noir.
(Long. 0.24 × 0.12.)

— **Statuette** de femme nue, couchée, la tête supportée par une pile de coussins. Coiffure à l'antique. Jolie pièce.
Travail italien du commencement du xixe siècle. Socle en bois noir.
(Long. 0.24 × 0.12.)

573. **Albâtre.** Buste de femme, coiffée à la romaine. Dans le dos, on lit une inscription grecque.
Travail italien du xvie siècle.
(Haut. 0.14.)

BOIS SCULPTÉS DU XVe AU XIXe SIÈCLE

574. **Petit volet** de retable, en hauteur, à six registres en bois sculpté : saint Paul, docteur ; Baptême du Christ ; saint Luc ; la présentation, etc., avec les légendes.
Bonne pièce finement sculptée. Le fond est doublé (xve siècle).
(Haut. 0.11.)

575. **Christ en bois** sculpté (sarmant de vigne). Bon travail du xvie siècle.
Bas refait.
(Haut. 0.16.)
(Nous ferons remarquer, comme simple indication, qu'on peut lire sur la cuisse droite du Christ le monogramme d'Albert Düver et la date de 1501.)

576. **Buis sculpté.** Statuette: Vierge en pied dans l'attitude de
la douleur.
Bonne pièce allemande de la fin du xvie siècle.
— Socle en bois.
(Haut. du sujet : 0.18.)

577. **Buis sculpté.** Statuette: saint Pierre en pied. Bonne pièce
du xviie siècle, bien conservée, sur son socle original en
bois noir.
(Haut. totale : 0.12.)

578. **Buis sculpté.** Statuette: saint personnage revêtu d'une
longue chappe et ayant fait partie d'un ensemble (xvii^e
siècle).
(Haut. 0.13.)

579. **Buis sculpté.** Statuette de Vierge en pied portant l'enfant
Jésus dans ses bras (xviie siècle). Très incomplète.
(Haut. 0.16.)

580. **Bois sculpté.** Statuette de Vierge en pied, avec l'enfant
Jésus dans ses bras. Jolie petite pièce du xviiie siècle.
Œuvre d'art de bonne allure et largement exécutée.
— Socle en bois noir. Quelques brèches.
(Haut. du sujet : 0.10.)

581. **Bois sculpté.** Statuette: Vierge en pied, avec l'enfant Jésus
dans ses bras. Bon travail du xviiie siècle (incomplète vers
le pied).
— Socle en bois noir verni.
(Haut. du sujet : 0.15.)

582. **Petit cadre Louis XIV** en bois sculpté, repercé à jour d'un
très beau dessin de rinceaux fleuris avec fronton fouillé
avec un art consommé.
— Dorure ancienne.
(Larg. 0.13 × 0.13.)

583. **Fourneau de pipe en buis** sculpté: deux scènes de la Bible
dans une efflorescence d'ornements de bon style, fouillés
avec un art et une patience tout à fait remarquables.
Monture argent. Belle et curieuse pièce (xviiie siècle).

584. **Buis sculpté.** Plaquette ronde provenant d'un couvercle
de tabatière, avec les bustes affrontés de Voltaire et de
Rousseau.
Pièce ancienne, légèrement fendue.
(Diam. 0.08.)

585. **Coupe oblongue en buis**, à deux compartiments, gravée en dehors d'ornements où figurent deux oiseaux. Travail asiatique ancien. Curieuse pièce.
(Long. 0.11.)

586. **Bois sculpté.** Petite croix reliquaire sculptée en bois de santal et sur les deux faces. La crucifixion ; la Vierge et l'enfant Jésus dans ses bras.
Travail moderne finement repercé à jour et en bon état.
(Haut. 0.05 × 0.03.)

587. **Bois et ivoire.** Pochette et archet de maître à danser. Travail italien incrusté d'ivoire, gravé, figure et ornements géométriques, tête en ivoire à la volute. Signature illisible et date de 1701. Jolie et rare pièce.

ÉTAINS, CIRE, VITRAIL, BRONZES, ETC.
COFFRETS A BIJOUX

588. **Médaillon ovale en cire colorée** de la fin du xvie siècle. Tête d'apôtre, profil à droite.
Bon travail, finement modelé, sous verre, cadre doré moderne.
(Haut. de la cire : 0.13.)

589. **Bassin circulaire** en étain à deux anses. Pièce flamande du xviie siècle, bien conservée et curieuse de forme.
(Diam. 0.34.)

590. **Plat d'étain** en forme de patène : au centre le Christ bénissant et au marli les 12 apôtres en costume du xvie siècle, avec les attributs de chacun d'eux.
Travail allemand du xvie siècle. Jolie pièce bien conservée.
(Diam. 0.18.)

591. **Char romain** (bige) reproduction d'une pièce antique. Monté sur un plateau de marbre rouge.
(Long. 0.15 × 0.06.)

592. **Moule à estampages** portant des figures de diverses époques, tels que chars grecs ou romains, harpies, divinités casquées, etc., pièce en bronze rectangulaire gravée sur toutes ses faces (xviie siècle (?)

593. **Plaque d'argent rectangulaire.** Portrait d'homme en costume du xvie siècle. Travail moderne fait à l'imitation des nielles italiens du xve siècle.
(Haut. 0.04 × 0.04.)

594. **Coffret à bijoux** à deux portes, fermant sur huit petits tiroirs. Tiroir plus grand dans la base. Baguier au-dessus. Anses pendeloques et pieds en bronze doré. Les portes, plaquées en ébène, sont incrustées de deux personnages gravés sur ivoire. Le reste du meuble est en bois noirci, décoré de moulures guillochées en ébène (xviie siècle). Restauré.
(Haut. 0.37 × 0.25.)

595. **Vitrail** polychrome de la Suises allemande, daté de 1688. Combat dans le style des batailles d'Alexandre, de Lebrun. Armoiries doubles (Herr. Wolffgang Cal. Wickart. Anna Margarita Zurlanben).
Jolie pièce circulaire d'un beau dessin et de belle coloration, complète, mais fracturée en plusieurs pièces.
(Diam. 0.16.)

8e VACATION : *Le jeudi 9 Décembre,*
à 8 heures du soir.

DENTELLES ET BRODERIE

596. **Joli fragment** d'une dentelle : guipûre à l'aiguille, dite point à la rose, ancienne.
(Long. 0.48 × 0.07.)

597. **Coupon de dentelle** ancienne de Malines, en bon état.
(2 m. 25 × 0.08.)

598. **Col en ancienne dentelle de Nancy** (xixe siècle) en très bon état.
(Larg. 0.04.)

599. **Dentelle ancienne** (xviiie siècle), de Bruxelles, point à l'aiguille, dit point d'Angleterre, en bon état et d'un très beau dessin.
(Coupon de 1.62 × 0.08.)

600. **Coupon de dentelle** à l'aiguille (moderne, 1850).
(Coupon de 2 m. × 0.06.)

601. **Broderie** du xvie siècle. Médaillon ovale figurant la Vierge montant au temple. Personnages en pied finement brodés en soie de couleur rehaussée d'or.
Travail français du xvie siècle.
(Haut. 0.20.)

602. **Broderie** ancienne sur fond uni en toile (coiffure norvé-
gienne ?). Très joli dessin.
(Long. 0.34 × 0.10.)

603. **Soieries chinoises brodées.** Six pièces circulaires de 0 m. 27
de diam. environ, brodées de fleurs, papillons, etc., de diverses couleurs, sur fond noir (serviettes à thé).
Travail moderne.
(Ce numéro pourra se diviser.)

HORLOGES DE TABLES OU A POIDS DU XVIe SIÈCLE

604. **Horloge à poids** du xvie siècle, au nom de Febvre, à Paris.
Cadran cuivre et fer, avec heures gravées. Timbre en
dôme. En bon état de marche.
(Diam. 0.14; haut. totale: 0.23.)

605. **Horloge de table** (xvie siècle), en cuivre gravé, ciselé et
doré. De la forme d'un petit édifice quadrangulaire, avec
galerie à balustres et dôme, contenant trois timbres surmonté d'une statuette. Trois cadrans de diverses grandeurs
figurent sur les faces avec de nombreux ornements.
Travail allemand. En bon état de marche.
Le tout dans une cage de glaces à baguette de cuivre.
(Haut. de la pièce: 0.37 × 0.19.)

MONTRES ANCIENNES

606. **Très belle montre Louis XIV,** au nom de Turet, à Paris
(horloger du roi), en cuivre doré, dont le cadran porte des
heures émaillées. La boîte de cette intéressante pièce, entièrement émaillée, présente Cléopâtre recevant la mort
d'un aspic, peinte en émail. Cette composition, d'un des
rares émailleurs de talent qui travaillaient pour les hor-
logers du roi, est une véritable œuvre d'art. Elle est encadrée dans une bordure de petits paysages de la même
main que celui qui est au centre du cadran. Une particularité curieuse de cette montre est qu'elle présente, à la
place du coq, un émail à fond noir, où est peint le portrait de Louis XIV, jeune, d'une autre main que les autres
émaux.

607. **Montre en or Louis XV,** de Ch. Le Roy, à Paris. Boîte décorée d'ornements en riches rinceaux, sur un fond à grènetis.
Très jolie pièce, de bon goût, d'un travail très soigné dans
toutes ses parties, en bon état et d'un maître horloger.

608. **Petite montre ancienne** (de Veigneur et Humbert) (1638),
en or, dans un boîtier en or Louis XVI, décoré d'un émail
peint. Portrait de femme encadré d'une bordure de petites
pierres taillées et de branches de laurier à fruits émaillés
en blanc.
Un autre rang de pierres fines encadre l'ouverture du boîtier, qui est entièrement ciselé d'ornements Louis XVI.
Deux jolies pièces en bon état.

609. **Montre** du xviie siècle, à boîtier d'argent repercé d'ornements à jour, d'un goût excellent : oiseaux et rinceaux de
feuillage stylisé ciselé. Sonnerie.
Les ciselures intérieures sont très soignées (Antony Hick).

610. **Mouvement de montre** anglaise de Clarke. Beau cadran
argent où se voient le lion et la licorne des armoiries royales dans de jolis cartouches gravés en relief, au nom du
fabricant. Jolies aiguilles en fer (xviie siècle).

FILIGRANES EN ARGENT

611. **Salière** ancienne rectangulaire à angles rentrants, en filigrane d'argent. Travail italien ancien du xviie siècle. La
pièce intérieure en verre manque.
(Long. 0.07 × 0.04.)

612. **Coffret** rectangulaire à couvercle en dôme, en filigrane
d'argent, avec quelques parties dorées. Colonnettes torses
aux angles, en plein relief, bossages au pourtour, pieds
ajourés et anses mobiles.
Très fin travail italien de la fin du xvie siècle, en bon état.
(Long. 0.16 × 0.10 × 0.10.)

CHINE ET JAPON
PORCELAINE ET GRÈS DE LA CHINE, DU JAPON ET DE SIAM
STATUETTES ET CÉRAMIQUE

613. **Porcelaine de Chine.** Sucrier à deux anses, cerclé d'argent,
décoré de poissons du genre cyprin, de couleurs et émaux
divers. Bordures en émaux. Le tout sur un fond blanc,
légèrement verdâtre.
Jolie pièce en vieux Chine.
(Diam. 0.13 × 0.13.)

614. Porcelaine de Chine. Brûle-parfums, avec trois pieds et
deux anses. Le couvercle est surmonté d'un chien de Fô.
Décors de pagodes en émaux, avec nombreuses légendes.
Ancienne pièce et intéressante à beaucoup de points de
vue.

(Haut. 0.22.)

615. Porcelaine de Chine. Statuette assise figurant un personnage bouddhique, maigre, tenant une boîte à la main et
vêtu d'une longue robe émaillée.
Curieuse pièce ancienne.

(Haut. 0.27.)

616. Porcelaine de Chine. Statuette assise figurant un personnage bouddhique, maigre, mais de physionomie riante, vêtu
d'une longue robe émaillée à fleurs.
Pièce curieuse ancienne.

(Haut. 0.27.)

617. Grès de Satzuma (Japon). Petit vase à parfums, à couvercle ajouré. Décors à godrons d'or et fond d'émail bleu, sur
lequel se détachent de larges pivoines d'un beau rouge de
fer serti d'or.
Trois feuilles à tiges recourbées servent de pieds à cette fort
jolie pièce ancienne de haut goût et de provenance impériale.

(Diam. 0.08 × 0.08.)

618. Grès de Satzuma (Japon). Petit flacon à parfums, à couverte craquelée, pointillée d'or et semée de fleurettes.
Dans deux réserves blanches figurent un lion en émail
bleu, taché d'or, et une touffe de chrysanthèmes derrière
une haie de roseaux.
Jolie bordure.
Le tout rehaussé de filets d'or en épaisseur (marque). Couvercle ajouré en argent.

(Haut. 0.08.)

619. Grès de Satzuma (Japon). Petite coupe sur pied bas, finement truitée, dont tout le fond pointillé d'or est recouvert d'un fouillis de fleurs peintes ou émaillées en relief,
d'une charmante coloration, sur un dessin d'une délicate
précision. Deux bordures sur fond noir. Marque d'or.
Pièce ancienne.

(Diam. 0.09.)

620. **Grès de Satzuma** (Japon). Petit bol à bords lobés. Fond jaune, très pâle, à couverte finement truitée, sur lequel se détache une jonque voguant à pleine voile sur une mer aux flots d'émail. A l'avant se redresse le dragon impérial.

De nombreux personnages en veine de réjouissances, qui n'ont rien d'allégorique, sont les passagers de cette barque, dont la voile et la coque sont une merveille de décoration, dessin et émaux.

L'extérieur du bol présente, dans une série d'écrans de formes diverses, douze scènes familières de la plus charmante fantaisie décorative.

Une longue légende en lettres d'or sur fond noir en dessous de la pièce.

Très belle qualité, toute rehaussée d'or, ancienne et de provenance impériale.

(Diam. 0.13.)

621. **Grès de Satzuma** (Japon). Petit bol. Sur une couverte truitée, d'un jaune très pâle et tout pointillé d'or, figurent, dans de nombreux écrans, très variés de formes, des scènes familières à nombreux personnages.

A l'extérieur du bol, une couronne de toutes les belles fleurs orientales se détache en émaux très fins de tons, entre deux bordures d'ornements d'or, sur fond noir.

Marque et légende en or, sur un éventail à fond noir.

Pièce ancienne de très belle qualité.

(Diam. 0.12.)

622. **Grès de Satzuma** (Japon). Petit bol : couverte finement truitée et toute pointillée d'or d'un beau ton jaune très pâle. Sur ce fond, se déroule toute une procession d'une multitude de personnages.

Le fond du bol est décoré de chrysanthèmes d'or et d'émaux très délicats. L'extérieur présente une décoration analogue.

En somme, très belle pièce ancienne, de qualité exceptionnelle et intéressante pour les costumes et usages de l'extrême Orient (marque d'or sur fond noir).

(Diam. 0.12.)

623. **Fort jolie théière en grès de Satzuma** (Japon). Sur un fond truité et dans des écrans de formes très variées, se trouvent figurées de nombreuses scènes à plusieurs personnages, traduites avec une excessive finesse de dessin.

Marque figurant une pêche de longévité sur le fond noir de laquelle une légende en caractères d'or.

Pièce d'une qualité exceptionnelle, toute rehaussée d'or.

(Diam. 0.12.)

624. **Vase à long col en grès de Satzuma** (Japon). Autour du
col s'enroule le dragon impérial en relief, lequel se retrouve dans la décoration, avec des divinités bouddhiques,
des lettrés, des philosophes, vêtus de riches costumes et
portant leurs signes figuratifs ; le tout sur un fond truité,
rehaussé d'or.
Marque et légende dans laquelle se retrouve le cercle divisé
en quatre sections, figurant sur le vase.
Belle pièce ancienne.
(Haut. 0.15.)

625. **Très petit vase de forme cylindrique en grès de Satzuma**
(Japon). Sur un fond finement truité, se développent deux
scènes théâtrales encadrées d'un filet d'or et de fins ornements en émaux de couleur et or, en épaisseur. Marque
dorée. Pièce de belle qualité déjà ancienne.
(Haut. 0.09.)

626. Très petit vase à long col en **grès de Satzuma** (Japon). Sur
un fond craquelé, se développent quelques scènes familières en émaux richement rehaussés d'or.
Marque. Pièce déjà ancienne.
(Haut. 0.09.)

627. **Plateau** circulaire à bords relevés **en grès**. Au centre, un
bouddha assis, émaillé en vert bronze foncé sur relief. Quelques plantes aquatiques en relief et émaux colorés.
Le fond de la pièce présente cette particularité que les craquelures sont figurées au pinceau et sous la couverte, tandis qu'elles existent véritablement dans les émaux colorés
des plantes aquatiques.
Travail japonais ou chinois (?) ancien.
(Diam. 0.24.)

628. **Bol évasé en grès de Kioto** (Japon). Sur un joli ton jaune
très pâle figurent, en riches émaux, des pivoines en branches, bleu empois et rouge de fer, un coq, quelques chrysanthèmes et bordure vert de cuivre.
Une scène bouddhique à nombreux personnages figure au fond
du bol, dans un ciel d'or nuageux. Jolie pièce, très puis-
sante de coloration.
Marque, petite restauration au bord.
(Diam. 0.18.)

629. **Petite statuette en grès** japonais, en partie émaillée. Pou-
taï endormi, accoudé sur un vase.
(Long. 0.09.)

630. **Grès japonais.** Philosophe assis, un éventail à la main. Vêtement en émail gris, à larges craquelures. Coiffure et chaussures en noir d'uranc.
Belle pièce du xviiie siècle.
(Haut. 0.24.)

631. **Grès japonais.** Très petite statuette émaillée en céladon gris. Personnage en pied, tenant des fleurs de nélumbo avec petits grenats au centre.
Pièce ancienne.
(Haut. 0.07.)

632. **Grès japonais.** Très petit groupe. Philosophe, les mains étendues au-dessus d'un tronc d'arbre et enfant.
Fort jolie pièce finement modelée, émaillée en vert de cuivre. Pièce ancienne.
(Haut. 0.07.)

633. **Composition dite blanc de Chine.** Chien de Fô sur terrasse.
Pièce ancienne (incomplète d'une oreille).
(Haut. 0.12 × 0.12.)

634. **Porcelaine laquée** (Japon). Deux petites potiches craquelées. Entre deux filets grecs, en bordure, figurent de larges fleurs et feuilles de chrysanthèmes laquées en or et diverses couleurs.
Très jolies pièces anciennes, d'une fabrication exceptionnelle.
(Haut. 0.18.)

635. **Porcelaine de Chine.** Une paire de vases à long col étroit en porcelaine à larges craquelures, décorée de superbes émaux de la plus riche coloration. Lions et autres animaux sur un curieux fond d'ornements figuratifs.
Jolies et rares pièces anciennes. Les émaux bleu empois, rose d'or, jaune, sont très beaux de couleur.
(Haut. 0.23.)

636. **Porcelaine de Chine.** Soupière oblongue et couvercle, décorée sur modèles français.
Curieuse pièce (xviiie siècle).
(Long. 0.37.)

637. **Tasse** en ancienne porcelaine de Chine, émaillée, polychrome, fleurs et oiseaux.

638. **Porcelaine de Chine.** Deux petites tasses et sous-tasses en porcelaine de Nankin. Riche décor d'émaux, fleurs et personnages, rehaussés d'or.
Travail moderne.

639. **Porcelaine de Chine.** Deux tasses et sous-tasses, coquille d'œuf, en porcelaine de Nankin, richement émaillées et dorées.
Travail moderne.

640. **Coupe** (bol), avec sa sous-coupe en porcelaine décorée de Nankin, riche décor de scènes familières, fleurs et oiseaux en émaux de couleurs.
Travail moderne.
(Diam. 0.17.)

641. **Porcelaine de Chine.** Théière, bol, boîte à thé, deux tasses et sous-tasses, de modèles différents, en porcelaine de Nankin. Très riches décors en émaux rehaussés d'or.
Soit cinq pièces modernes.

642. **Porcelaine de Chine.** Petite tasse et sous-tasse mignonnette, décors à fleurs.
—- Petit sucrier couvert, carré, de même décor.
Soit deux pièces modernes.

643. **Porcelaine de Chine.** Vase à parfums en forme de gourde, ajouré et décoré d'insectes en émaux de couleurs.
Travail moderne.

644. **Assiette** japon bleu, fracturée.
— **Sous-coupe.**
—- **Vase** à couverte verte, craquelée.
Soit trois pièces diverses.

645. **Porcelaine de Siam.** Petite tasse couverte décorée de divinités hindoues, sur fond émaillé de divers tons.
— Petit pot couvert même décors, sur d'autres émaux.
Soit deux jolies pièces anciennes.

646. **Porcelaine de Siam.** Petite coupe ronde à pied bas. Décors en émaux de couleurs.
(Diam. 0.12.)

BRONZES CHINOIS ET JAPONAIS
GARDES DE SABRES EN FER
CUIVRES PERSANS

647. **Coupe en bronze** satiné d'une jolie patine, à deux anses et trois pieds.
Travail chinois ancien (marque).
(Diam. 0.12.)

648. **Petite théière** en bronze japonais (Tokio). La panse présente, fondus en fins reliefs et ciselés, des paysages aquatiques avec paysages sur pilotis. Jolie pièce ancienne avec légende.
(Diam. 0.10.)

649. **Chien de Fô** en bronze chinois fondu et ciselé. Jolie petite pièce déjà ancienne.
(Larg. 0.08.)

650. **Bronze chinois.** Petit brûle-parfums. Au couvercle, un chien de Fô. Pièce ancienne.
(Haut. 0.12.)

651. **Bronze chinois.** Petite lampe à trois pieds, incomplète. Pièce ancienne.
(Haut. 0.08.)

652. **Lampe chinoise** ouvrante, en cuivre, avec quelques damasquinures argent.
Pièce ancienne, ovale et curieuse de forme.
(Larg. 0.08 × 0.07.)

653. **Bronze japonais.** Crabe : fonte à cire perdue.
Travail moderne.

654. **Boite japonaise** à bétel, fermant à charnière, en métal, ovale, le couvercle figure une mouche, gravée, de coléoptères.
(Diam. 0.11.)

655. **Bronze chinois.** Petite statuette en pied : femme debout portant un poisson dans un panier (mythologie).
(Haut. 0.06.)

656. **Garde de sabre** japonais en fer ciselé et repercée à jour.
— **Autre garde de sabre,** en fer, damasquiné d'or et d'argent, petite pièce ancienne.
Soit deux pièces.

657. **Garde de sabre japonais** en fer, avec quelques damasquines d'or. Très ancienne pièce en forme de fleur de chrysanthème, avec pétales rayonnants.

658. **Garde de sabre** japonais en fer damasquiné d'or sur les deux faces. Scène guerrière à plusieurs personnages, avec légende.
Pièce ancienne.

659. **Garde de sabre** japonais en fer damasquiné d'or sur les deux faces. Scène guerrière à nombreux personnages, avec légende.
Pièce ancienne.

660. **Petite boite** hexagone en argent gravé et doré. Travail chinois moderne.

661. **Vase persan** en cuivre ancien, richement et finement ciselé de sujets de chasses.
(Haut. 0.18.)

662. **Vase en laiton** persan, gravé d'ornements disposés en zones circulaires.
Petite pièce ancienne.
(Diam. 0.10.)

663. **Petite coupe** en métal de gong, gravée d'ornements. Pièce ancienne de travail persan.
(Diam. 0.09.)

664. **Petite coupe plate** en cuivre, décorée d'ornements en relief.
— **Autre petite coupe** en bronze, à anse.
Soit deux pièces orientales modernes.

665. **Deux plateaux** en laiton persan, gravés d'ornements.
Travail moderne.
(Diam. 0.20.)

EMAUX CHINOIS ET JAPONAIS
PEINTS OU CLOISONNÉS

666. **Boite à bétel** ronde, lobée, en cuivre émaillé. Sur un fond d'émail violet, translucide sur relief quadrillé, se détachent des réserves en émail blanc dans lesquelles sont peints en émaux de couleurs, une scène familière et deux paysages. Un cercle de chauves-souris en émail translucide vert d'un bel effet, encadre la scène principale. Jolie pièce ancienne (quelques écailles).
Travail chinois.
(Diam. 0.08.)

667. **Coupe couverte** et sous-coupe en émail peint chinois. Décoration polychrome en riches émaux : pivoines en rose d'or, pêches de longévité dessinées au trait, avec une grande délicatesse.
Fort jolie pièce ancienne (restaurée au couvercle).

668. **Partie d'un surtout** de table à compartiments en émail peint sur cuivre. Fond vert à décor péonien polychrome.
Travail chinois.
(Dim. 0.15.)

669. **Flacon à tabac** chinois. Émail cloisonné. Ornements de divers tons sur fond bleu.
Jolie pièce ancienne.

670. **Petit vase** en forme de potiche en cuivre, émaillé cloisonné.
Décors de fleurs sur fond noir et jaune.
Bonne pièce ancienne japonaise.
(Haut. 0.11.)

671. **Vase cloisonné** japonais, en forme de gourde à deux ren-
flements. Sur un fond noir, se détachent, en douce coloration, des cercles où sont figurés des fleurs et emblèmes
impériaux.
Bonne pièce.
(Haut. 0.20.)

672. **Tasse à saki** sans anse et **sous-tasse** en émail cloisonné sur
cuivre. Sur un fond noir se déploient des couronnes de
branches de pêchers chargés de fruits. Bordures en ornements émaillés blanc et bleu turquoise.
Bonne pièce chinoise du xviiie siècle.
(Diam. sous-tasse : 0.10.)

673. **Tasse à saki** couverte et son plateau en cuivre, décoré d'un
riche *émail bleu translucide* sur relief. Dans des réserves
sur fond blanc sont peintes en émaux de couleurs des scènes
familières. Une sur decoration de pivoines argentées et
gravées enrichissent encore cette jolie pièce (marque).
Travail chinois ancien (quelques étoiles).
(Diam. 0.10.)

674. **Tasse à saki** et son plateau de forme carrée, lobée, en *cuivre émaillé et peint*. Décors péonien et feuillage rose d'or
et vert de cuivre sur fond jaune (marque).
Travail chinois.
(Plateau : 0.09 carré.)

675. **Petit plateau** carré, lobé, en *cuivre émaillé*. Personnage à
cheval peint en émaux de couleurs sur fond blanc (étoilé).
Travail chinois.
(Plateau : 0.09 carré.)

676. **Brûle-parfums** en *émail cloisonné* et bronze doré, de plan
rectangulaire, monté sur pieds et de forme élégante.
Le cloisonnage occupant les quatre faces et le couvercle, pré-
sente des têtes de dragons sur un fond bleu turquoise.
Travail moderne chinois.
(Haut. 0.13 × 0.09.)

677. **Cloisonné chinois.** Assiette. Très fin travail d'émaux polychrome sur fond bleu turquoise, où figurent les chauves-
souris et l'emblème du bonheur et longévité. Bordure à
baldaquins.
Travail moderne.
(Diam. 0.22.)

9e VACATION : *Le vendredi 10 Décembre,*
à 8 heures du soir.

IVOIRES CHINOIS OU JAPONAIS
GROUPES STATUETTES, IVOIRES INDIENS

678. **Ivoire chinois.** Groupe : personnage debout portant une
large feuille de plante aquatique, regarde, étonné, à ses
pieds, où deux grenouilles se livrent un combat acharné.
Le tout sur un socle à quatre pieds de très jolie forme et
faisant corps avec le sujet.
Très belle pièce largement traitée, expressive et ancienne.

679. **Ivoire chinois.** Groupe à deux personnages et un renard.
L'un, debout, porte un fusil sur son dos, l'autre, assis et
appuyé sur sa main tient un sifflet. Un renard, un crâne
humain, un panier contenant un poisson figurent dans
cet important morceau, très évidé, à figures rieuses, ciselé
d'ornements et d'une importance exceptionnelle.
Œuvre d'art ancienne signée.
(Haut. 0.16 × 0.10.)

680. **Ivoire Chinois** (Okava). Groupe à deux personnages : marchand de fruits et son enfant offrant leur marchandise.
Ils sont assis sur une natte et le panier de fruits est devant
eux. Les expressions sont très curieuses de vérité, ainsi
que les mouvements.
Fort jolie pièce ancienne signée.
(Haut. 0.09 × 0.11.)

681. **Ivoire chinois** (Otoumara). Groupe de quatre pêcheurs his-
sant leur filet au bout d'une perche ; quelques crustacés
sont encore dedans.
Jolie pièce bien ajourée et intéressante pour ses nombreux
détails. Ancienne et signée.
(Haut. 0.10 × 0.05.)

682. **Ivoire chinois.** Groupe à deux personnages : Charron con-
truisant une roue ; demi-nu, les muscles saillants, il travaille en présence du second personnage, qui lui donne
des conseils.
Intéressante pièce ancienne, bien ciselée et signée.
(Haut. 0.09 × 0.06.)

683. **Ivoire chinois** (Okisaga). Groupe à deux personnages. Scène
de mœurs populaires, figurée par un marchand de fleurs et
une jeune acheteuse portant un panier. Les détails sont
très intéressants; le travail de la ciselure, les expressions,
les poses, sont charmants et pleins de naturel.
Pièce ancienne signée.
(Haut. 0.11 × 0.12.)

684. **Ivoire chinois.** Groupe : personnage assis et jouant avec
une tortue. Auprès de lui, une gourde et un panier de
rotin. Le mouvement et l'expression sont très justes, naïve-
ment rendus et avec un art consommé.
Très belle pièce ancienne signée.
(Haut. 0.07 × 0.08.)

685. **Ivoire chinois** Ousakga). Groupe à deux personnages : gref-
feur assis s'occupant de son métier. Auprès de lui, une
jeune fille, à genoux, tient une théière. Œuvre d'art remarquable d'expression, de vérité et d'une charmante fantaisie. La ciselure est très belle.
Pièce ancienne et signée.
(Haut. 0.07 × 0.10.)

686. **Ivoire japonais.** Groupe à deux personnages. Divinités :
esprits du mal marchant dans l'eau.
Très jolie pièce sculptée dans le bloc, ancienne.
(Haut. 0.04 × 0.03.)

687. **Ivoire chinois** (Okasima). Groupe d'un saltimbanque assis,
fumant sa pipe et instruisant son singe, lequel est coiffé
et couvert d'une peau de bête, dont il montre la tête. Le
maître est assis sur un tronc d'arbre, ses ustensiles de
travail à ses pieds. Magnifique pièce d'un art consommé,
très évidée, très soignée, expressive, signée et ancienne.
(Haut. 0.11 × 0.11.)

688. **Ivoire japonais.** Groupe de deux squelettes assis parfaitement évidé. Ils sont marchands de diverses substances
placées devant eux. Dessous la pièce, une longue légende
gravée. Curieuse pièce ancienne.
(Larg. 0.05 × 0.05.)

689. **Ivoire chinois.** Groupe d'un personnage à plat ventre, écrasé
sous une outre, qu'un ours debout lui roule sur le dos.
Fort jolie pièce autrefois laquée. Signée.
(Long. 0.05 × 0.04.)

690. **Ivoire japonais.** Petit groupe. Divinité avec quatre diablo-
tins. Jolie pièce parfaitement évidée, finement sculptée et
gravée.
Pièce ancienne et signée. Quelques fractures.
(Haut. 0.05 × 0.04.)

691. **Ivoire japonais.** Petit groupe à deux personnages : homme et enfant, tenant un livre ; derrière eux, un panier de poissons.
Très fines ciselures. Pièce ancienne.
(Haut. 0.05 × 0.04.)

692. **Ivoire chinois.** Groupe à deux personnages : Fumeurs d'opium. Femme assise se dispose à fumer, tandis que, sur ses épaules s'appuie, des deux mains, un personnage chauve déjà ivre. Un chat, avec accessoires de fumeurs sont près d'eux. Groupe bien évidé, couvert de ciselures très fines.
Œuvre d'art signée et très délicatement traitée.
(Haut. 0.11 × 0.08.)

693. **Ivoire chinois.** Groupe à deux personnages. Mousmée en pied venant de cueillir des iris. A ses pieds, une fillette assise tient un vase plein d'eau, à côté d'une théière et d'un panier. Très gracieuse composition, ciselée d'ornements et remarquable par la souplesse des draperies.
Œuvre d'art importante et signée. Les fleurs de paulonia se retrouvent dans les ciselures.
(Haut. 0.16.)

694. **Ivoire chinois** (Okava). Groupe à deux personnages : Pêcheurs à la ligne. Un poisson vient d'être pris et va être mis dans le panier, l'eau figurée sur un plateau.
Fort jolie pièce ancienne très réaliste, dont les détails sont reproduits avec une scrupuleuse fidélité, importante et signée.
(Haut. 0.15 × 0.17.)

695. **Ivoire chinois.** Groupe à deux personnages, de haute fantaisie. L'un, à longues jambes et bras courts, porte sur son dos l'autre à courtes jambes et longs bras, lequel tient un pigeon. Têtes expressives, dont les détails sont reproduits avec beaucoup d'esprit et une grande entente du dessin.
Œuvre d'art curieuse, importante, de travail moderne et signée.
(Haut. 0.20.)

696. **Ivoire chinois.** Groupe : chien de Fô endormi, les pattes sur unes espèce de grelot sculpté d'ornements. Un esprit malfaisant s'approche de lui dans de mauvaises intentions.
Pièce importante.
Le pelage du chien est fort bien traité, le groupe bien ajouré d'un beau dessin offre cette particularité d'un ivoire à deux tons.

697. Ivoire japonais. Charmant petit groupe de deux fumeurs d'opium accroupis, d'une seule pièce, parfaitement évidée.
Très juste expression de physionomies. Signé.
(Long. 0.05 × 0.03.)

698. Ivoire chinois. Groupe à deux personnages : homme et enfant. Jolies physionomies.
(Haut .0.05 × 0.05.)

699. Ivoire japonais. Petit groupe à 3 personnages portant des paniers, vases, etc. Signé.
(Larg. 0.04 × 0.03.)

700. Ivoire chinois. Statuette : divinité bouddhique en pied, portant une fleur symbolique. Belle pièce très ancienne, autrefois laquée, mais incomplète d'une partie de la coiffure et de la base.
(Haut. 0.15.)

701. Ivoire chinois. Statuette : mousmée en pied, presque nue, tenant la valve d'un coquillage d'une main et de l'autre un couteau.
Fort jolie pièce, bien modelée.
La draperie qui la recouvre en partie est admirable de légèreté. Œuvre d'art moderne, importante et signée.
(Haut. 0.21.)

702. Ivoire chinois. Statuette : personnage debout tenant une hache d'une main, et de l'autre une bourse. Pièce archaïque ancienne.
(Haut. 0.11.)

703. Ivoire chinois (Kousaï). Statuette : personnage en marche, portant sur son dos une hotte en vannerie, curieusement évidée. Il tient une gourde et un petit oiseau. Très beau travail de ciselure sur le vêtement, figure expressive de bonhomie, mouvement juste.
Œuvre d'art ancienne, importante et signée.
(Haut. 0.17.)

704. Ivoire chinois. Statuette en pied : un personnage chauve sur le point de marcher sur un poisson féroce, reste le pied en l'air. Figure expressive et mouvement très juste.
Jolie pièce hardiment évidée.
Œuvre d'art signée.
(Haut. 0.12.)

705. **Ivoire chinois** (Ousakga). Statuette : horticulteur dans son jardin, au bord de l'eau. Debout, sa pioche à la main, sur son dos un sac et une branche d'arbre à fruits. Vase à fleurs avec tige de bambous.
Très délicate pièce ciselée, ancienne et signée.
(Haut. 0.10 × 0.07.)

706. **Ivoire chinois.** (Hiainobou). Statuette : pêcheur de crabe, avec son filet et les jambes nues. Très délicate pièce d'un joli mouvement, expressive et signée.
(Haut. 0.09.)

707. **Ivoire chinois** (Onikava). Statuette : pêcheur lançant son filet. Debout sur un plateau où l'eau est figurée, un large chapeau sur la tête et son panier sur le dos. Mouvement et expression très justes. Il est impossible de trouver un travail plus délicat et aussi adroitement exécuté.
Fort jolie pièce ancienne signée.
(Haut. 0.11 × 0.11.)

708. **Ivoire chinois.** Personnage assis. Pièce ancienne.
(Haut. 0.04.)

709. **Ivoire chinois.** Statuette debout : Vierge bouddhique tenant son éventail et une pêche de longévité.
(Haut. 0.11.)

710. **Ivoire japonais.** Personnage debout, portant une grenouille sur sa tête ; un singe habillé est à ses pieds. Très belle pièce ancienne, d'un bon mouvement, largement traitée et expressive.
Œuvres d'art avec quelques ciselures.
(Haut. 0.10.)

711. **Ivoire chinois.** Personnage assis, tenant un rat élevé sur sa main droite et de l'autre un fruit.
Pièce ancienne.
(Haut. 0.04.)

712. **Ivoire chinois** (Ousakga). Statuette : horticulteur assis, sa pipe à la main, et entouré de vases de fleurs. Une souche d'arbre, avec ses racines, est auprès de lui.
Œuvre d'art très soignée, très expressive et finement ciselée, ancienne et signée.
(Haut. 0.08 × 0.10.)

713. **Ivoire chinois** (Kosaya). Statuette : personnage assis, appuyé sur son bâton, auquel est suspendu un écran. Auprès de lui, une grenouille a l'air d'écouter les paroles qu'il lui adresse. Très beau travail, bien fouillé et draperie largement traitée.
Œuvre d'art ancienne et signée. Ivoire beau ton.
(Haut. 0.11 × 0.06.)

714. **Ivoire chinois.** Statuette: personnage en pied, portant un
sac fermé sur son dos. Ayant marché sur un nid de guêpes,
un de ces animaux grimpe à son bâton, un autre s'est
fixé sur sa tête. Il a un mouvement et une expression
d'effroi.
Ancienne et jolie pièce laquée, signée.
(Haut. 0.13.)

715. **Ivoire chinois** (Okava). Statuette: Jardinier assis, le coude
appuyé sur un escabeau, dans une pose pleine de naturel.
Il tient un vase dans lequel pousse un de ces grands végé-
taux, réduit à des proportions minuscules, qui sont le
secret de ces habiles horticulteurs.
Pièce très importante, ancienne et signée.
(Haut. 0.08 × 0.13.)

716. **Ivoire chinois.** Statuette: personnage, un genou en terre,
est appuyé sur un bâton. Devant lui, quelques meubles
et ustensiles sont en vente.
Très fin travail, expressif, délicat et très riche en ciselure.
Petite pièce ancienne signée.
(Haut. 0.07 × 0.07.)

717. **Ivoire chinois.** Statuette: tonnelier assis, dans l'exercice de
sa profession, auprès de lui ses outils.
Petite pièce intéressante, bien ciselée, ancienne et signée.
(Larg. 0.08 × 0.06.)

718. **Ivoire chinois** (Rako-Shin). Statuette assise : chanteur
jouant d'un instrument à corde et remarquable par l'expression. Autour de lui, divers ustensiles.
Charmante petite pièce d'un joli ton, bien ajourée, ciselée,
ancienne et signée.
(Haut. 0.05 × 0.06.)

719. **Ivoire chinois** (Mousina). Statuette: paysan cultivateur
portant une gerbe de riz sur le dos et un râteau à la
main : il marche. A ses pieds, deux paniers en paille.
Fort jolie pièce d'un beau ton. Œuvre d'art signée.
(Haut. 0.12.)

720. **Ivoire chinois.** Statuette: mousmée en promenade, portant un panier. Très gracieuse personne (accompagnée
de son chien), bien drapée et ciselée d'ornements sur son
ample vêtement.
Importante pièce.
(Haut. 0.15.)

721. **Ivoire chinois** (Osaka). Statuette: marchand de légumes.
Fort jolie petite pièce, délicatement ciselée de fins ornements. Il est assis sur le manche de sa pioche. Sa pose et
son expression sont naturelles et pleines de vie. Les légumes, très étudiés, sont exposés sur une natte.
Œuvre d'art ancienne, signée.
(Haut. 0.07 x 0.10.)

722. **Ivoire chinois** (Okavä). Statuette: marchand de soie appuyé sur son genou, dans une pose très naturelle. Son
expression est admirable de vérité comme commerçant
adroit. Ses coffres, échevaux, boîtes à peindre sont à ses
pieds. Une des plus jolies pièces qu'on puisse voir, ancienne, signée.
(Haut. 0.10 x 0.11.)

723. **Ivoire chinois** (Osepaï). Statuette: sculpteur d'objets d'art
assis sur une natte et accoudé sur un banc; il tient la
pièce qu'il travaille et, de l'autre main, son outil. Sa pose
est naturelle et son visage exprime l'intérêt qu'il apporte
à son œuvre. Ses outils sont autour de lui.
Superbe morceau d'un art achevé, ancien, et s¡gné.
(Haut. 0.08 x 0.10.)

724. **Ivoire chinois.** Statuette: sculpteur travaillant à une petite
divinité bouddhique, debout sur un piédestal de rochers.
L'artiste est assis avec ses outils à ses côtés et son visage
exprime toute l'attention qu'il apporte à son travail. Le
mouvement est juste, les mains très belles.
Œuvre d'art très intéressante, ancienne et signée.
(Haut. 0.07 x 0.09.)

725. **Ivoire chinois.** Singe assis se grattant. Le pelage de cet
animal est très bien reproduit.
Fort jolie pièce déjà ancienne.
(Haut. 0.06.)

726. **Ivoire et bois chinois** (petite pièce mécanique). Statuette:
un jeune Chinois, assis, cache son visage derrière un
masque de démon et le découvre alternativement. Tête,
masque, pieds et mains en ivoire.
Curieuse pièce expressive et d'un fin travail.
(Haut. 0.05 x 0.04.)

727. **Ivoire chinois.** Groupe de deux rats et d'un fruit ouvert
déjà entamé par la dent des rongeurs.
(Long. 0.11 x 0.03.)

728. **Ivoire chinois.** Divinité bouddhique obèse, à peine vêtue,
assise et entourée d'une demi-douzaine de tous petits
personnages, grimpant autour d'elle et sur ses épaules.
(Haut. 0.07 x 0.05.)

729. **Ivoire chinois.** Statuette : personnage agenouillé auprès d'un panier renversé et assailli par deux souris. Effrayé, il les chasse à coups de balai.
Admirable petite pièce très évidée, expressive, juste de mouvement. Œuvre d'art ancienne et signée.
(Haut. 0.07.)

730. **Ivoire chinois.** Statuette : charmeur de serpent et dompteur de grenouilles tenant ses élèves dans ses mains.
Très délicat travail, expressif et d'une grande intensité de vie.
(Haut. 0.06.)

731. **Ivoire chinois.** Statuette : chanteur et musicien à genoux devant son pupitre et jouant d'un instrument à cordes. Charmante petite pièce, parfaitement ajourée, très expressive et délicatement gravée.
Œuvre d'art signée.
(Haut. 0.04 × 0.03.)

732. **Ivoire japonais.** Personnage assis tenant un sceptre et soulevant un vase au-dessus de sa tête. Superbe petite pièce ancienne, parfaitement évidée et très délicatement gravée d'ornements.
Marque et signature.
(Haut. 0.05.)

733. **Ivoire japonais.** Chinois près d'un très gros poisson pris à la ligne. Joli petit groupe d'une seule pièce, entièrement évidé, d'une grande vérité de mouvement et précieusement travaillé.
Signé.
(Larg. 0.04 × 0.03.)

734. **Ivoire chinois.** Statuette : mousmée assise jouant d'un instrument de musique à cordes, un chat est auprès d'elle.
Evidé dans un sol bloc. Travail moderne signé.
(Haut. 0.05 × 0.04.)

735. **Ivoire chinois** (Yamataki). Statuette : divinité bouddhique debout sur une fleur de lotus. Charmante physionomie féminine, couverte de bijoux. On voit un bouddha assis au sommet de sa riche coiffure. Elle porte un panier dans lequel est un poisson.
Beau travail moderne, d'un art consommé, important et signé.
(Haut. 0.19.)

736. **Ivoire chinois.** Statuette en pied : personnage des hautes
classes sociales portant une gourde, un éventail, un poignard et un sabre à la ceinture.
Pièce tout à fait remarquable ayant certainement un intérêt iconographique, admirablement drapée. Œuvre d'art
importante, de travail moderne et signée.
(Haut. 0.16.)

737. **Ivoire chinois.** Bloc pyramidal tronqué, portant gravée, en
relief, une légende entourée d'un filet grec. Quelques caractères sont gravés en creux du côté opposé (cachet).
(Haut. 0.03.)

738. **Ivoire chinois.** Masque de femme, en ronde bosse au fond
d'une petite coupe sur pied bas.
(Diam. 0.04.)

739. **Ivoire indien.** Divinité bouddhique (Vierge) assise. Belle
pièce de haute époque, largement drapée, archaïque, au
point de vue de l'art. Des rangs de perles réunis sur ses
genoux et sur sa poitrine par des médaillons entourent
toute sa personne.
Une main cassée.
(Haut. 0.08.)

740. **Ivoire indien.** Femme nue agenouillée, avec une main au-
dessous du sein. Pièce de mythologie bouddhique, ancienne.
(Haut. 0.08.)

741. **Ivoire.** Statuette : femme nue, assise sur une tête de lion,
tenant un de ses pieds dans une de ses mains. Pièce ancienne, d'un bon travail, au visage d'un type asiatique
et yeux d'émail figurative d'un mythe hindou.
— Socle bois noir. Quelques brèches.
(Haut. du sujet : 0.09.)

742. **Poignard chinois** et gaine, manche os, sculpté de personna-
ges armés en guerre contre de mauvais génies.
Travail moderne.
(Long. 0.37.)

743. **Os chinois.** Statuette : personnage de la mythologie bouddhique à longue barbe, debout auprès d'un panier posé
à terre.
Jolie pièce ancienne, très artistique.
(Haut. 0.06.)

744. **Os chinois.** Statuette : personnage de la mythologie boud-
dhique, en pied, portant un large éventail.
Jolie pièce ancienne, très artistique.
(Haut. 0.06.)

745. **Os chinois.** Grelot sculpté d'ornements. Très ancienne pièce.
(Long. 0.04.)

746. **Os chinois.** Personnage debout, portant un éventail à cha-
que main.
Pièce ancienne.
(Haut. 0.05.)

747. **Os chinois.** Personnage debout appuyé sur un bâton. Pièce
ancienne.
(Haut. 0.06.)

748. **Os chinois.** Statuette : personnage de la mythologie bouddhique, debout, portant un bâton et le rouleau de toute
science.
Jolie pièce ancienne, base écornée.
(Haut. 0.06.)

749. **Os. Petit violon,** dont la table du fond tournant sur pivot
laisse voir une boite. La caisse et le manche de l'instrument
figurent un animal à tête de chien, accroupi sur ses pattes,
avec une autre tête au bout de la queue. Elle est gravée
d'ornements et de deux mains entrelacées.
Très bizarre travail asiatique (?).
(Long. 0.15.)

IVOIRES CHINOIS (OBJETS DIVERS)

750. **Coupe en corne de rhinocéros.** Calice de fleurs entouré de
pivoines en branches enlevées, à jour dans le corps de la
pièce.
Travail chinois ancien (rare).
(Haut. 0.15 × 0.10.)

751. **Pi-tong chinois** couvert, en ivoire, sculpté sur toute sa surface de scènes de théâtre, dont les acteurs portent des
masques de haute fantaisie.
Pièce ancienne d'un beau travail et bien conservée. Le couvercle est orné d'un personnage assis, avec un bouquetin
auprès de lui.
Marque et légende.
(Haut. 0.13 × 0.12.)

752. **Pi-tong** couvert en **ivoire chinois** très délicatement sculpté :
assemblée de philosophes et lettrés, sous les arbres en
fleurs. Charmante pièce aux physionomies expressives et
vêtements aux riches dessins. Le couvercle est orné d'un
petit personnage masqué.
Très belle pièce ancienne, avec marque et légende.
(Haut. 0.12.)

753. **Ivoire chinois.** Boîte rectangulaire, décorée de branchages, fleurs et oiseaux en burgau, demi-perles d'agate, découpés, incrustés, gravés, avec une parfait entente du dessin et du coloris.
Travail moderne.
(Long. 0.12 × 0.06 × 0.03.)

754. **Petite boîte à bétel en ivoire,** de forme contournée. Le couvercle est orné d'un groupe d'éventails sur lesquels sont semés des groupes, en burgau ciselé, de fleurs de pêcher et pivoines, d'un travail très délicat.
Art chinois moderne.
(Diam. 0.08.)

755. **Etui en ivoire** à deux ouvertures, entièrement sculpté en fort relief, de dragons ailés, monstres marins, oiseaux, etc. Travail chinois moderne.
(Long. 0.14.)

SCULPTURE CHINOISE SUR PIERRE DURE
FLACONS A TABAC

756. **Flacon à tabac,** hexagonal, en cristal de roche fumé, sculpté de vases à fleurs sur toutes ses faces.
Travail chinois, pièce rare.
(Haut. 0.06.)

757. **Flacon à tabac** chinois en forme de gourde aplatie, en agate d'un très beau blanc.
(Diam. 0.06.)

758. **Flacon à tabac** chinois, en forme de gourde aplatie, taillée dans une agate jaune, semée de veines figurant des mousses vertes. Bouchon en agate rouge et pelle en ivoire.
Quelques fentes.
(Haut. 0.07.)

759. **Flacon à tabac** chinois, taillé dans une agate jaunâtre, sur laquelle est enlevé en fort relief un vol de canards. Une décoration de feuille de nélumbo enveloppe cette jolie pièce d'un relief très doux.
(Haut. 0.05.)

760. **Flacon à tabac** en agate, d'une jolie coloration brune. Sans bouchon. Travail chinois.

761. **Flacon à tabac,** en agate laiteuse tachée de noir. Travail chinois, pas de bouchon.

762. **Flacon à tabac** chinois, en verre à deux couches. Décors d'oiseaux et branchages en bleu sur fond blanc.
(Haut. 0.06.)

LAQUES CHINOIS

763. **Boite à remèdes,** chinoise, dite *Iuro*, en laque rouge de Pékin, à quatre compartiments, décorée de scènes familières à personnages, sculptés dans le laque.
Très jolie pièce ancienne, avec son bouton de suspension et cordon de soie.

764. **Grand coffret rectangulaire en laque rouge de Pékin,** sculpté sur toutes ses faces. La décoration, en fort relief, du type péonien, semé d'oiseaux, domine dans l'ensemble. Le couvercle comporte les emblèmes et caractères de longévité et de bonheur.
Laqué noir et or dans l'intérieur.
Charnières et serrure en cuivre doré, de même style.
(Bonne pièce du XVIIe siècle bien conservée.)
(Long. 0.40 × 0.22 × 0.19.)

765. **Boite ronde en laque de Pékin rouge.** Le couvercle présente en fort relief une scène à deux personnages, dans un jardin fleuri. Le pourtour en quadrillages.
En bon état.
(Diam. 0.06.)

766. **Coupe plate** à huit pans, avec son couvercle en bois très mince laquée d'une coloration jaune d'une grande richesse de ton. Une décoration d'ornements géométriques et emblématiques gravés en noir et en rouge, donne à cette jolie pièce une distinction d'un goût excellent. Le dessous seul présente quelques rehauts d'or (XVIIe siècle).
(Diam. 0.17 × 0.07.)

767. **Petit plateau carré** en bois mince, décoré de fleurs peintes sur les fonds de laque noir et brun. Ancien japon rare.
(Dim. 0.14 carré.)
— **Autre petit plateau** ovale en écaille chinois moderne.
Soit deux pièces.

10e VACATION : *Le Samedi 11 Décembre,*
à 8 heures du soir.

NETZKÉS EN IVOIRE

768. **Netzké chinois.** Ivoire : animal accroupi. Pièce très ancienne.

769. **Netzké japonais.** Ivoire : musicien debout, jouant de la flûte, guerrier assis, tenant son sabre.
Jolie pièce ancienne finement ciselée d'ornements. Signé.

770. **Netzké japonais.** Ivoire : singe couché sur un poisson. Pièce ancienne.

771. **Netzké japonais.** Ivoire : groupe de deux personnages debout. Jolie pièce ancienne finement gravée.

772. **Netzké japonais.** Ivoire : femme assise tenant une corbeille. Pièce ancienne gravée, très expressive.

773. **Netzké japonais.** Ivoire : groupe de cinq personnages. Jeux d'enfants. Jolie pièce ancienne. Signée.

774. **Netzké japonais.** Ivoire : personnage assis sur un chien de Fô. Très ancienne pièce.

775. **Netzké japonais.** Ivoire : chien de Fô couché. Fort jolie pièce signée, ancienne, et autrefois laquée, très artistique et d'un beau ton d'ivoire.

776. **Netzké japonais.** Ivoire : personnage debout portant un enfant dans ses bras, Bonne pièce ancienne, autrefois laqu.'n et très bien drapée.

777. **Netzké japonais.** Ivoire : mendiant joueur de flûte. Fort jolie pièce, très expressive.

778. **Netzké chinois.** Ivoire : femme assise. Devant elle un grand vase au bord des flots.

779. **Netzké chinois.** Ivoire : bûcheron debout, portant une hotte pleine de bois. Bonne pièce ancienne.

780. **Netzké japonais.** Ivoire : vieillard debout auprès d'un animal. Jolie petite pièce signée, autrefois laquée (incomplète).

781. **Netzké japonais.** Ivoire : bœuf couché portant sur son dos un petit flûtiste. Jolie pièce ancienne, signée, délicatement travaillée.

782. **Netzké japonais.** Ivoire: vieillard assis appuyé sur son bâton et son chapeau devant lui. Pièce ancienne d'un joli jeu de physionomie.

783. **Netzké japonais.** Ivoire: vieillard dompteur de serpent. Pièce ancienne.

784. **Netzké chinois.** Ivoire : personnage masqué portant un singe sur son dos. Pièce ancienne.

785. **Netzké chinois.** Ivoire: personnage mythologique portant sur son dos un enfant.
Pièce ancienne largement sculptée.

786. **Netzké chinois.** Ivoire: divinité bouddhique (dieu de la guerre). Pièce ancienne, signée, joliment sculptée.

787. **Netzké chinois.** Ivoire: vieillard à longue barbe tenant par la main un singe, qu'il a l'air de vouloir corriger. Pièce ancienne, autrefois laquée rouge. Quelques traces de dorure.

788. **Netzké chinois.** Ivoire: divinité assise sur des rochers; une grenouille à ses pieds. Pièce ancienne.
(Haut. 0.04 × 0.04.)

789. **Netzké japonais.** Ivoire laquée : philosophe assis développant un rouleau. Pièce ancienne.

790. **Netzké chinois.** Ivoire: chevrette accroupie. Jolie pièce ancienne.

791. **Netzké chinois.** Ivoire: groupe circulaire de quatre personnages entourant deux grenades, évidés dans un seul bloc.
(Diam. 0.04.)

792. **Netzké chinois.** Ivoire: bœuf couché.

NETZKÉS EN AGATE
ÉCAILLE AMBRE, BOIS, ETC.

793. **Netzké japonais.** Ecaille : personnage assis, les deux mains sur un panier de rotin. Très jolie pièce expressive, rare et ancienne.
(Haut. 0.04.)

794. **Netzké japonais.** Ecaille : mendiant aveugle demandant l'aumône. Jolie pièce laquée en rouge, ancienne et rare.

795. **Ambre sculpté chinois.** Groupe de chauves-souris volant dans des nuages en forme de Netzké. Jolie pièce très fouillée, repercée à jour et travaillée sur toutes les faces.
(Long. 0.05 × 0.04.)

796. **Netzké** en agate à plusieurs teintes où sont fouillés des papillons, fleurs, etc., et dans le bloc duquel est réservée une fleur épanouie.
(Long. 0.05.)

797. **Netzké** en agate à plusieurs teintes figurant deux animaux de l'espèce des chats. Jolie pièce ancienne finement ciselée.
(Long. 0.04.)

798. **Netzké** en agate couleur chair, d'une grande variété de tons figurant des fruits et animaux repercés à jour dans le bloc.
(Haut. 0.05.)

799. **Netzké** en agate jaunâtre à plusieurs teintes, figurant un fruit et quelques feuilles, repercés à jour. Deux insectes ont été sculptés dans des accidents de coloration.
(Long. 0.04.)

800. **Netzké** en bois. Personnage debout, élevant une main au-dessus de sa tête et tenant de l'autre un vase. Très belle pièce largement exécutée et ancienne.

801. **Netzké japonais.** Bois: cœur de cerisier. Deux personnages, dont l'un, jeune, est très expressif, l'autre masqué. Jolie pièce très artistique.

802. **Netzké japonais.** Bois: personnage caché dans une caisse carrée, le derrière en l'air. Pièce ancienne en cœur de cerisier. Signé.

803. **Netzké japonais.** Bois. Tigre assis dans le creux d'un roseau. Très ancienne pièce, signée.

804. **Netzké japonais.** Bois Cœur de cerisier: enfant riant et faisant beaucoup de bruit. Jolie pièce ancienne.

805. **Netzké japonais.** Bois. Cœur de cerisier: deux personnages assis jouant aux dames. Jolie pièce ancienne signée. Physionomies très expressives.

806. **Netzké japonais.** Bois. Femme debout, un éventail à la main. Signé.

807. **Netzké japonais.** Bois: femme assise portant un enfant suspendu à son cou. Très ancienne et curieuse pièce, signée.

808. **Netzké chinois.** Bois sculpté. Masque, travail ancien.

809. **Netzké chinois.** Bois: jeune personnage appuyé.

810. **Bois sculpté chinois.** Masque de démon en forme de netzké.
(Haut. 0.05.)

JADES SCULPTÉS

811. **Petite coupe à sacrifice en jade gris,** avec deux anses ajourées en fort relief, figurant le dragon symbolique impérial, lequel se retrouve dans la décoration en relief du pourtour du vase. Charmante pièce de grand style et de haute époque.
(Dim. 0.16, avec les anses.)

812. **Petite tasse lobée en jade laiteux** de belle qualité, figurant une fleur dont chaque pétale est gravée en relief d'une autre fleur en branche.
Anse ajourée, le tout d'une seule pièce.
Jolie pièce ancienne.
(Diam. 0.08.)

813. **Vase en jade laiteux** formé du calice d'une fleur sur le rebord duquel est découpée à jour une couronne de chrysanthèmes et pivoines d'un beau travail.
Le socle est en bois de palissandre vernis de rouge et entièrement fouillé de fleurs et branchages entrelacés.
Jolie pièce ancienne.

814. Charmant petit **vase en jade laiteux** verdâtre, de forme potiche aplatie, avec deux anses ajourées, décoré en doux relief de chauves-souris au vol. Un branchage avec feuilles lui sert de base découpée à jour. Le tout d'une seule pièce. Couvercle mobile. Base en bois de palissandre repercée à jour.
Jolie pièce ancienne.
((Haut. 0.16.)

815. **Jade laiteux.** Très beau. Pou-taï, divinité chinoise plutôt gaie, assise ; avec un enfilage de sapèques, une grenouille et une tête de pavot.
(Long. 0.09.)

816. **Bouton** de mandarin en **jade laiteux** verdâtre, sculpté en fort relief d'un dragon, et dans la forme d'un bâton de commandement.
(Long .0.08.)

817. **Bouton** de mandarin en **jade laiteux,** légèrement verdâtre, figurant un sceptre de commandement décoré de dragons, ajourés et tenant seulement par les pattes au corps de la pièce. Fort joli morceau.
(Haut. 0.09.)

818. **Petit médaillon ovale en jade laiteux,** présentant en relief un lion accroupi.
Travail hindou du xviie siècle (rare).
(Larg. 0.03.)

819. **Statuette en jade laiteux** figurant un Chinois qui porte dans ses bras un vase à fleurs en forme de potiche. Jolie pièce ancienne finement travaillée.
(Haut. 0.06.)

820. **Petit bouddha** assis sur une fleur de lotus, en **jade vert foncé,** sculpté, gravé et poli. Jolie pièce ancienne et **rare.**
(Haut. 0.05.)

821. **Petite plaquette en jade laiteux,** figurant des deux côtés un chien accroupi.
(Larg. 0.05.)

822. **Plaquette ronde en jade laiteux,** cristallisé, figurant une fleur.
(Diam. 0.05.)

823. **Plaquette ovale en jade laiteux** où sont sculptées, en bas-relief, trois chevrettes. Jolie pièce ancienne d'un bon travail.
(Diam. 0.07.)

824. **Petite plaquette ronde en jade laiteux** où est repercé à jour un lapin(?) fouillant un panier sur un fond d'ornements figurant sur l'autre face.
(Diam. 0.04.)

825. **Plaquette circulaire en jade laiteux** figurant une pagode autour de laquelle une carpe se joue dans les flots. Jolie pièce gravée et entièrement repercée à jour.
(Diam. 0.07.)

826. **Plaquette ovale en jade laiteux** légèrement verdâtre, entièrement repercée à jour de fleurs et feuilles. Cette pièce est cerclée d'argent.
(Larg. 0.05.)

827. **Plaquette carrée en jade laiteux** légèrement verdâtre. Décoration florale, avec branchages, creusée dans l'épaisseur.
(Dim. 0.06 carré.)

828. **Jade laiteux.** Combat de deux lions entrelacés. Beau morceau finement travaillé.
(Long. 0.07.)

829. Petite pièce en Jade formant pêche de longévité.
— Autre pièce en fleur de nélumbo.
— Trois autres petites pièces.
Soit cinq pièces en **jade,** de très petit volume.   .

830. Petite plaque de jade laiteux, toute repercée à jour, de chrysanthèmes.
— Autre petite pièce en **jade laiteux** repercée à jour d'un dessin géométrique.
Soit deux pièces.

831. Deux petites plaquettes en jade laiteux verdâtre, découpées à jour et gravées en fleur de pivoine.

832. Deux petites plaquettes en jade laiteux verdâtre, découpées à jour et gravées en fleurs de pivoine.

833. Netzké en jade laiteux figurant un fruit avec quelques branchages repercés à jour. Jolie pièce ancienne de belle qualité.

834. Netzké en jade verdâtre figurant un personnage couché sur une large feuille. Jolie pièce ancienne.
(Long. 0.07.)

835. Encrier à deux compartiments en **jade vert et blanc,** verdâtre, rectangulaires, dans une boîte en palissandre sculpté et laqué dans l'intérieur ; sur le couvercle, une **plaque en jade,** où figurent deux chauves-souris, et les caractères de longévité et de bonheur.

836. Flacon à tabac en jade vert. Bouchon en quartz marbré vert et cuillère argent.

SCULPTURE CHINOISE
STATUETTES EN BOIS ET AUTRES MATIÈRES

837. Bois sculpté chinois. Statuette : divinité bouddhique, mauvais génie en pied, portant un seau et une tasse.
Travail en cœur de cerisier poli ancien.
(Haut. 0.11.)

838. Bois sculpté chinois. Statuette : personnage en marche, portant un singe sur son dos. Bonne pièce, très souple, expressive et largement traitée. Œuvre d'art signée, sculptée en cœur de cerisier poli et ancienne.
(Haut. 0.16.)

839. **Bois sculpté chinois.** Divinité bouddhique à longue barbe et armée en guerre. Jolie pièce en cœur de cerisier. Joli travail déjà ancien.
(Haut. 0.12.)

840. **Bois sculpté chinois.** Statuette: personnage assis sur un tronc d'arbre à peine ébauché et portant sur ses genoux une corbeille de riz. Travail remarquable en cœur de cerisier poli. Les branches sont fouillées en relief, les draperies très souples et l'expression jolie.
Œuvre d'art signée, déjà ancienne.
(Haut. 0.11 x 0.08.)

841. **Bois sculpté.** Divinité bouddhique vêtue d'une cotte de mailles; un ceinturon, un dragon et quelques cabochons d'émaux incrustés. Expression rieuse du visage, avec un troisième œil au milieu du front. Importante pièce en bois laqué, déjà ancienne.
(Haut. 0.65.)

842. **Bois sculpté chinois.** Statuette en pied: Vierge chinoise bouddhique, ou impératrice portant le sceptre, et sur sa coiffure, l'oiseau sacré.
Charmante pièce ancienne en racine de bambou (signée).
(Haut. 0.19.)

843. **Bois sculpté.** Divinité bouddhique à cheval derrière et au-dessus deux génies, dont l'un porte un sac fermé et l'autre un étendard sur lequel est gravée une légende. Riche costume semé de perles d'émaux colorés.
Importante pièce vernie. Travail chinois moderne.
(Haut. 0.68 x 0.25.)

844. **Divinité bouddhique** assise, en **bois sculpté et laqué.** Bon travail de sculpture à larges plis archaïques et coloris très harmonieux. Belle pièce très artistique.
Travail chinois déjà ancien.
(Haut. 0.15.)

845. **Bois sculpté chinois.** Personnage assis, renversé sur sa main gauche, lève son pied droit, masqué. Jolie pièce expressive et bien drapée.
(Haut. 0.10 x 0.09.)

846. **Bois sculpté et laqué chinois.** Musicien assis auprès d'un tambour suspendu sur lequel est gravé un dragon. Le personnage, avec yeux, dents et boucles d'oreille, en émaux, est enveloppé d'un vêtement laqué rouge. Jolie pièce en cœur de cerisier poli.
(Haut. 0.08.)

847. **Boite à bétel,** ovoïde, en **racine de bambou,** sculptée sur
deux faces d'un poisson, genre cyprin. Le couvercle est
maintenu par un cordonnet et un coulant, curieusement
travaillé.
(Larg. 0.11 x 0.09.)

848. **Bois sculpté.** Divinité bouddhique : jeune femme en pied,
tenant un vase, duquel sort une source abondante. A ses
pieds, un poisson et des feuilles de nénuphar.
Jolie pièce en bois dur, vernie, bien drapée. Travail chinois.
(Haut. 0.45.)

849. **Bois sculpté chinois.** Divinité bouddhique en pied, portant
son attribut.
(Haut. 0.17.)

850. **Bois sculpté chinois.** Chien de Fô assis sur un cube sculpté.
(Haut. 0.05.)

851. **Sculpture chinoise.** Bois : chien de Fô assis et aboyant.
Yeux d'émail.
(Haut. 0.06.)

852. **Bonbonnière ronde** à couvercle bombé, en écaille brune,
sculptée de personnages et ornements.
Travail chinois, ancien, en bon état.
(Diam. 0.06.)

853. **Cachet** (non gravé). Chien de Fô en albâtre oriental dur et
de belle coloration jaune, couché sur un cube. Bonne
pièce ancienne, d'un beau travail chinois.
(Dim. 0.03 carré.)

854. Statuette de Confucius, en **pierre de lard,** avec traces de
dorure. Travail chinois moderne.
(Haut. 0.19.)

855. **Pierre de lard.** Un chien de Fô, assis, est sculpté au sommet d'un bloc quadrangulaire (cachet non gravé).
(Haut. 0.06.)

VITRINES DES COLLECTIONS

856. **Très belle et très grande vitrine** à deux vantaux, colonnes
cannelées, fronton et pieds en fuseaux. Acajou à baguet-
tes ou en creux.
Travail moderne dans le style de la fin du XVIIIe siècle.
(Haut. 2 m. 44 x 1 m. 45.)

857. **Vitrine à objets d'art** mobile, sur roulettes; rectangulaire,
avec deux rayonnages de glaces, dans la partie inférieure.
Le dessus, sous un toit à double pente. Entièrement vi-
trée. S'ouvrant sur les deux faces en longueur. Bâti en
noyer à pilastres cannelés. Doublé en peluche rouge. Beau
meuble neuf, très commode et construit pour sa destina-
tion.
(Long. 1.65; larg. 0.75; haut. 1.15.)

858. **Deux vitrines de style Louis XV,** en bois de violette, ondu-
lées sur trois faces et vitrées. Ornées de bronzes dorés
et ciselés d'un très riche dessin. Pieds en consoles.
Marqueterie en bois de couleur.
Caisson à la partie inférieure.
Très beaux meubles, en hauteur, absolument semblables,
avec deux rayons de glaces et doublure en peluche rouge.
(Haut. 1.67; largeur au mur: 0.75; profondeur: 0.45.)

859. **Vitrine à objets d'art** en noyer ciré, décorée de bronzes
dorés. Glaces sur trois faces et au compartiment formant
le dessus du meuble. Garniture en peluche.
Travail moderne.
(Haut. 1.08 × 0.84 × 0.45.)

5056 — Imp. Réunies, 8, rue Rachais, Lyon.

www.ingramcontent.com/pod-product-compliance
Ingram Content Group UK Ltd.
Pitfield, Milton Keynes, MK11 3LW, UK
UKHW031838170726
13836UKWH00004B/1746